HORST POHL

BRIEFE DES NÜRNBERGER RATES AUS DEM 15., 16. UND 17. JAHRHUNDERT

UNTERHALTSAMES AUS DER GESCHICHTE DER REICHSSTADT

2001 ©
VERLAG PH. C. W. SCHMIDT
91413 NEUSTADT AN DER AISCH
ISBN 3-87707-550-9

Gesamtherstellung:

VERLAGSDRUCKEREI SCHMIDT
91413 NEUSTADT AN DER AISCH

INHALTSÜBERSICHT

EINLEITUNG

Zu den wertvollsten Beständen des Nürnberger Staatsarchivs zählen die sog. Briefbücher. Sie enthalten in 359 Foliobänden die Kopien aller vom Nürnberger Rat ausgestellten Briefe vom Jahr 1424 an durchgehend bis 1738. Um zu sehen, welche Themen den Rat in seiner Korrespondenz im Laufe der Zeit beschäftigten, wurden drei Jahrgänge herausgegriffen: zunächst, um möglichst weit zurückzugehen, der Jahrgang 1424; sodann, aus Nürnbergs „goldener Zeit", das Jahr 1510; und schließlich 1620 mit den Vorboten des schrecklichen Krieges, als dennoch die militärischen Themen erst zögernd einsetzen. Weniger interessiert das 18. Jahrhundert, wo sich auch in der Korrespondenz der Niedergang der Reichsstadt zeigt: eine äußerst geringe Anzahl von Briefen mit meist bedeutungslosen Themen, wobei die Briefe derart in die Länge gezogen werden, als wollte man wenigstens die leeren Blätter füllen.

Von den behandelten drei Jahrgängen gab ich jeweils eine unsystematische Auswahl wieder und wählte die Form der kurzen Inhaltsangabe. Da diese drei Jahrgänge beziehungslos nebeneinander stehen, bettete ich sie jeweils in einen Abriß der Nürnberger Geschichte, skizzierte also zunächst das 15. Jahrhundert und schloß daran die Briefkopien von 1424. Ebenso verfuhr ich mit dem 16. und 17. Jahrhundert und den Jahrgängen 1510 und 1620. Wörtliche Zitate geben etwas von der frühneuhochdeutschen Sprache wieder (1424, 1510). Um einen größeren Leserkreis anzusprechen, versuchte ich, meine Texte etwas unterhaltsam zu gestalten, und erlaubte mir bei den Glossen zu den Briefkopien gelegentlichen Scherz. Die dokumentarische Substanz der Briefe bleibt dabei unberührt.

Ein Ortsregister und ein Personenregister mit 1300 Namen werden nicht nur für die Gesellschaft für Familienforschung in Franken eine unschätzbare Quelle sein.[1]

---

[1] Für praktische Beihilfe bei Entstehung dieser Arbeit danke ich besonders Thomas M u m m e r t, Nürnberg/Wilhermsdorf.

Anfänge der Stadt. Nürnberg im 15. Jahrhundert

Am Anfang war die Burg und die Kreuzung wichtiger Handelsstraßen. 1050 erstmals erwähnt wurde Nürnberg bald zum Mittelpunkt eines Reichsgutsbezirks. Wirtschaft und Kunsthandwerk blühten. Trotz Kontroversen mit den Burggrafen (den späteren Markgrafen von Ansbach) entwickelte sich früh die städtische Selbstverwaltung mit Schultheiß und Stadtrecht. Seit König Rudolf I. begann der Aufstieg zur Reichsstadt. Gemäß der Goldenen Bulle Karls IV. von 1356 hatte jeder Römische Kaiser seinen ersten Reichstag in Nürnberg abzuhalten, was sie gelegentlich vergaßen.

Im Jahre 1400 wurde König Wenzel[1a] mit dem schönen Beinamen „der Faule" wegen Unfähigkeit abgesetzt. Die deutschen Fürsten entschieden sich für Ruprecht[2], nur Nürnberg nicht. Dem Rat war bekannt, daß Wenzel in Prag eine Truppenmacht zusammenzog, um seine Königsrechte zu verteidigen. Erst als Ruprecht Nürnbergs Priviliegien bestätigte[3] und sich zeigte, daß Wenzel zu faul war, um Truppen zu mobilisieren, empfing Nürnberg feierlich[4] den neuen Kronprätendenten und jubelte ihm zu, als könne es seinen Einzug gar nicht mehr erwarten. Um es aber mit Wenzel nicht ganz zu verderben, schickte Nürnberg dem trinkfreudigen Mann mehrere Fuder besten Rheinweins[5], was dieser als adäquaten Trost akzeptierte.

Da haben wir in Kürze Nürnbergs kluge P o l i t i k : es galt, nicht vorschnell zu handeln, sondern abzuwarten, wie sich die Dinge entwickelten.

Wenige Jahre später erfreut uns die Geschichte mit einem weiteren Beispiel. Als König Sigismund die deutschen Stände zusammenrief, um gegen die heranrückenden Hussiten zu rüsten, wurde einem jeglichen zugeteilt, was er an Mannschaften und Kriegsgerät beizusteuern habe. Eine Hochstimmung wie zu einem Kreuzzug ging durch das deutsche Volk, und jeder gab, was in seiner Macht stand. Auch Nürnberg hatte sich zu einem Kontingent verpflichtet, nämlich zur Gestellung von 30 Gleven[6] und 30 Schützen[7]. Indessen war innerhalb der vier Wände des Nürnberger Rathauses von Hochstimmung keine Rede.

[1a] Wenzel aus dem Hause Luxemburg, 1361–1419, dt. König 1378–1400.
[2] Ruprecht von der Pfalz, 1352–1410, dt. König seit 1400.
[3] H i r s c h m a n n , S. 173.
[4] Hierzu auch Renate G o l d : Ehrenpforte, Baldachine, Feuerwerke. Nürnberger Herrscherempfänge vom 16. bis zum Anfang des 18. Jhs. Nürnberg 1990.
[5] H i r s c h m a n n , S. 173.
[6] Gleven = berittene Lanzenträger mit einem zweiten berittenen Kämpfer u. einem Knecht mit Ersatzpferd. Gleve = Spieß, G 108; glavin = Reiter mit Lanze, afr. glaive, von lat. gladius, L 82.
[7] R e i c k e , S. 375.

Abb. 1 Ansicht von Nürnberg, Stich von M. Merian, 17. Jh. (Detail)

Noch war trotz allgemeiner Begeisterung nicht abzusehen, welche Seite gewinnen würde. Was tun, wenn die Hussiten siegten und ein blutiger Rachefeldzug auch gegen Nürnberg hereinbrechen sollte? Der Rat ließ, wie ich annehme, dem König ausrichten, daß er im Augenblick sein Kontingent nicht schicken könne. Um wenigstens seinen guten Willen zu zeigen, bot Nürnberg dem König eine beträchtliche Geldsumme an[8], und zwar 3000 Gulden. Sigismund ging auf die Sache ein. Man kann annehmen, daß dieses Geschäft nicht an die große Glocke gehängt wurde. Ob freilich der König jene Geldsumme für die Rüstung gegen die Hussiten einsetzte, konnte bisher nicht geklärt werden. Auch hier zeigt sich wieder Nürnbergs beneidenswertes Talent, sich Optionen freizuhalten – allerdings das Talent einer Stadt, die über entsprechende Mittel verfügte. Und die waren ihr nicht geschenkt worden. Später sah sich Nürnberg gezwungen, bei diesem „Kreuzzug" dann doch ein bißchen mitzumachen. – Übrigens platzt der von mir behandelte Jahrgang 1424 mitten in die Hussitenkriege hinein.

Nun treten die Brandenburgischen Markgrafen von Ansbach-Bayreuth auf den Plan, Nürnbergs unmittelbare Nachbarn im Westen, keineswegs angenehme Nachbarn. Zwar war es Nürnberg im Laufe der Zeit gelungen, die markgräflichen Besitzungen innerhalb der Stadt aufzukaufen, aber sein ländliches Territorium, noch relativ klein im Umfang, war durchsetzt von tatsächlichen oder angemaßten markgräflichen Rechten. Hier wollte Markgraf Albrecht Achilles[9] endlich reinen Tisch machen. Wir kommen zu einem Fall, in dem das gewohnte politische Geschick der Reichsstadt nicht greifen wollte. Albrecht, mit dem Beinamen Achilles, obwohl nicht göttlicher Abstammung und nicht von Thetis geboren, schien sich seines heroischen Beinamens verpflichtet und eröffnete den 1. Markgrafenkrieg[10]. Es gelang ihm keineswegs, Nürnberg zu erobern, und ebensowenig konnten die Nürnberger Ansbach einnehmen, aber das beiderseitige Territorium wurde verwüstet und die Landbevölkerung litt aufs entsetzlichste, bis endlich beiden Seiten der Atem ausging und 1453 Frieden geschlossen wurde, ein Frieden, der wohl eher einem Waffenstillstand gleichkam. Nürnbergs Enklave Lichtenau, eine kleine Festung dicht vor Ansbach und den Markgrafen stets ein Dorn im Auge, hätte durch Nürnberg, wie Fritz Schnelbögl[11] schreibt, durch markgräfliche Enklaven im eigenen Gebiet ausge-

---

[8] P 89f.

[9] Albrecht Achilles, 1414–1486, Kurfürst v. Brandenburg (fränk. Linie).

[10] Näheres zum 1. Markgrafenkrieg bei Richard K ö l b e l : Der erste Markgrafenkrieg 1449–1453. In MVGN 65 (1978) S. 91–123.

[11] Fritz S c h n e l b ö g l : Zwischen Zollern und Wittelsbachern, P 127.

tauscht werden sollen, vielleicht hätte dies zu beiderseitiger Versöhnung beigetragen und den Landbewohnern viel Elend erspart.

Nürnbergs Macht blieb ungebrochen. Seine Selbstbehauptung war eine Voraussetzung für seine kulturelle Blüte[12]. Es gehörte zu den wichtigsten Städten im Reich. Wesentliche Gründe dafür lagen im Fleiß der Bevölkerung und im politischen Geschick des Rates, jener Gruppe reicher Patrizier, die, oft angefeindet, es dennoch vermocht haben, die Stadt aus vielen Bedrängnissen herauszuhalten. Grundzug der Politik Nürnbergs blieb die Treue zu Kaiser und Reich. Hier fühlte man, so Peter Fleischmann[13], intensiver mit dem Schicksal des Volkes und des Reiches als anderswo. Es war dem ärmsten Pegnitzfischer wie dem reichsten Kaufmann bewußt, etwas mehr zu sein als ein beliebiger Bürger einer beliebigen Stadt. Und wenn es um die Taufe neugeborener Knaben ging, verwundert es nicht, wenn dabei die Namen der deutschen Könige und Kaiser bevorzugt angewendet wurden[14]. Die Reichskleinodien, jene heiligsten und wertvollsten Symbole des Reiches, wurden keiner anderen Stadt, sie wurden 1424 für „ewige Zeiten" Nürnberg anvertraut, weil man sie hier am würdigsten aufbewahrt wußte.

Erwähnenswert ist die Politik des Rates zur Erlangung des Münzrechts. Seit 1429 prägte Nürnberg die sog. Sebalder und Lorenzer Gulden und hielt an diesem Recht bis zum Ende der reichsstädtischen Selbständigkeit fest. Erwähnenswert sind ferner die vielen frommen Stiftungen wohlhabender Bürger zur Unterstützung der Armen und Kranken. Es entstanden vorbildliche Einrichtungen, die von anderen Städten nachgeahmt wurden. So schön waren sie freilich auch wieder nicht, daß jeder hoffte, im Alter dort zu landen.

Nürnberg besaß einen Stadtheiligen, den hl. Sebald. Die gläubige Verehrung durch die Nürnberger Bevölkerung genügte dem Rat nicht. Dabei kam ihm eine Idee. Mit viel Phantasie ließ er eine Historie des Heiligen verfassen, auf eigene Kosten vervielfältigen und in alle Lande schicken, bis hin nach Sachsen, ja bis nach Venedig[15]. Nicht jede Stadt konnte so etwas schönes wie einen Stadtheiligen ihr eigen nennen, dessen Wundertaten schriftlich verbürgt waren. Die Folge war eine verstärkte Frequentierung der Wallfahrt. Gönnen wir im Nachhinein den Bäckern, Metzgern und Schankwirten den erhöhten Umsatz!

[12] Hirschmann P 120.
[13] Peter Fleischmann: Nürnberg mit Fürth und Erlangen. Von der Reichsstadt zur fränkischen Metropole. Köln 1997, S. 16.
[14] Horst Pohl: Einflüsse auf die Vornamenwahl in Leipzig und Nürnberg vom 13. bis zum 18. Jahrhundert (hg. v. Lehrstuhl f. Sächs. Landesgeschichte an der Universität Leipzig), Neustadt/Aisch 1998, S. 22 f. – Die Rezension durch Robert Schuh, MVGN 86 (1999), läßt die Ergebnisse dieser Arbeit unerwähnt: In Nürnberg setzen die Erscheinungen der Namengebung jeweils ein Jahrhundert später ein als in Leipzig (hier Beharren, dort Unrast).
[15] Fritz Schnelbögl: Kirche und Caritas, P 105.

Wolfgang Frhr. von Stromer[16] und Hermann Kellenbenz[17] entwerfen ein erstaunliches Bild von Nürnbergs W i r t s c h a f t und seinem europaweiten Großhandel im 15. Jahrhundert. Die Verbindungen reichen über Deutschland hinweg nach allen angrenzenden Ländern, nach Italien, Frankreich, den Niederlanden, nach Polen, zu den nordischen Ländern, auf Mittelwegen nach England und dem Baltikum. Ich kann mir vorstellen, wie Knaben und Jünglinge die Söhne der Großkaufleute beneideten, die von ihren Vätern mit auf Reisen genommen wurden, in das unendlich ferne Frankreich oder in das Wunderland Italien, während sie selbst eine Reise nach Forchheim oder Neumarkt schon als Abenteuer empfanden[18]. Angehende Kaufleute wurden als junge Männer mitunter auch allein ins Ausland geschickt, um das Handelsgeschäft zu erlernen, so zum Beispiel Willibald Imhoff, der zunächst in Begleitung, dann allein nach Frankreich und Spanien reiste und davon berichtet hat[19].

Die Nürnberger Kaufleute kamen oft nach Venedig, nach Lyon, Brüssel und Krakau. Manche sprachen auch die Sprache des Landes, wenn auch mit Hilfe der Hände und Füße. Nürnberger investierten im Bergbau beim böhmischen Kuttenberg. Daneben wurden auch die deutschen Messen besucht, etwa die in Frankfurt, und zugleich wird glaubhaft gemacht, das dieser enorme Handel nicht zuletzt auf dem Geschick und der Erfindungsgabe des Nürnberger Handwerks beruhte, da Nürnbergs materielle und technische Erzeugnisse in aller Welt begehrt waren. Die Handelsverbindungen bedeuteten für den Rat zugleich eine bedeutsame Nachrichtenquelle. In Venedig hieß es: alle deutschen Städte seien blind, nur Nürnberg sehe auf einem Auge[20] (Luther: Nürnberg ist das Auge und Ohr Deutschlands). Hinter all dem verbirgt sich eine erstaunliche organisatorische Leistung. Man denke an den damaligen Zustand der Straßen, an die Schwerfälligkeit und Langsamkeit der Transporte, die überdies häufig den Überfällen von Raubrittern ausgesetzt waren, sodaß jede Reise zum Risiko wurde. Aber der Reichtum der Handelshäuser und die Aussicht auf Profit überwanden alle Schwierigkeiten. – Die auswärtigen Verbindungen eines Nürnberger Großkaufmanns in der zweiten Hälfte des 15. Jahrhunderts sind auf der Karte nach S. 10 dargestellt[21].

---

[16] Wolfgang v. S t r o m e r : Wirtschaftsleben unter den Luxemburgern, P 92 ff.
[17] Hermann K e l l e n b e n z : Gewerbe und Handel am Ausgang des Mittelalters, P 176 ff.
[18] Handwerksburschen sahen immerhin Teile Deutschlands.
[19] Horst P o h l (Bearb.).: Willibald Imhoff, Enkel und Erbe Willibald Pirckheimers. Hg. v. Stadtarchiv Nürnberg (Quellen z. Gesch. u. Kultur der Stadt Nürnberg), Nürnberg 1992, S. 28–32.
[20] R e i c k e S. 783.
[21] Horst P o h l : Das Rechnungsbuch des Nürnberger Großkaufmanns Hans Praun von 1471 bis 1478. In: MVGN 55 (1967-68), S. 119.

So virtuos Nürnberg die handwerkliche Produktion und den Handel beherrschte, zeigte es sich auf dem Gebiet der geistigen Auseinandersetzungen weniger flexibel. Wir wenden uns damit zur K u l t u r im engeren Sinne. Bezeichnend für die konservative Haltung Nürnbergs ist das lange Festhalten an alten, oft schon abgelösten Stilformen[22]. Auf geistige Einflüsse von außen reagierte Nürnberg zögerlich und gewissermaßen mit Vorsicht, sodaß sich Parallelen zu seiner Politik ergeben. Das hatte aber auch sein gutes. Zitieren wir Gustav Voit[23]: „Für die Milde der reichsstädtisch nürnbergischen Herrschaft sprachen allein schon die Tatsachen, daß der Funke des Bauernaufstandes 1525 nicht auf ihr Territorium übersprang und daß hier … keine einzige Hexenverbrennung stattfand." Nach Joseph Pfanner[24] faßte der Humanismus in Nürnberg nur langsam Fuß.

Die bildende Kunst entfaltete sich in Nürnberg gegen Ende des 15. Jahrhunderts in großartiger Weise. Nürnberg hatte enge Beziehungen zu Böhmen – nach Günther Bräutigam[25] ist die böhmische „schöne Madonna" in St. Lorenz geradezu kopiert. Die Hussitenkriege dämmten die Einflüsse aus Böhmen für längere Zeit ein. In der Malerei wurden gegen Ende des Jahrhunderts die Einflüsse von Burgund und den Niederlanden übermächtig. Schon tauchten Namen auf, die weltweit bekannt werden sollten.

Aus der Ratskorrespondenz 1424

Und nun kommt für den geschichtlich interessierten Laien der Augenblick, wo er mit historischen Quellen konfrontiert wird. Vielleicht gehört er zu den Glücklichen, die die alten ehrwürdigen Folianten selbst aufschlagen können, um, wenn auch zunächst mit etwas Mühe, die Schrift zu entziffern. Andere müssen mit den bescheidenen Notizen fürlieb nehmen, die ich hier von den einzelnen Briefen der Ratskorrespondenz zusammengetragen habe. Mögen auch sie etwas vom „Atem der Jahrhunderte" spüren!

In den Briefbüchern des Rats[26], wir beginnen mit Band 6[26a], trägt jede Kopie als Überschrift den Namen des Empfängers und den Bestimmungsort. Wo der Bestimmungsort fehlt, ist der Empfänger ein Einwohner Nürnbergs, oder aber

---

[22] Wilhelm S c h w e m m e r: Die Stadt Nürnberg. Kurzinventar (Bayer. Kunstdenkmale) München 1977, S. 15.

[23] Gustav V o i t: Ein vergeblicher Hilferuf aus dem Kloster Engelthal. In: Altnürnberger Landschaft 44/2, 1995, S. 329.

[24] Joseph P f a n n e r: Geisteswissenschaftl. Humanismus P 127.

[25] Günther B r ä u t i g a m: Die bildende Kunst zur Zeit der Luxemburger, P 113.

[26] Staatsarchiv Nürnberg, Briefbücher, Rep. 61ª.

[26a] Die Bände vorher sind unvollständig.

Abb. 2 Die Reichskrone (2. Hälfte 10. Jh.)

ein Adliger, ja oft ein Fürst. Ich zitiere jeweils mit der hier in Klammern gesetzten Blattzahl des Originals. Die Briefe gebe ich nach der chronologischen Ordnung wider – mit Ausnahmen; so beginne ich gleich anfangs mit der für Nürnberg so bedeutsamen Übernahme der Reichskleinodien, oder, wie man damals sagte, des Heiltums.

(75v und 79v) An 28 Erzbischöfe und Bischöfe, 21 weltliche Fürsten und 34 Städte. [Die Liste all dieser Empfänger liegt im Original bei. Da alle Briefe denselben Inhalt haben, gibt es nur eine deutsche und eine lateinische Kopie, letztere für ausländische Empfänger.] Der Rat berichtet von dem Ereignis und fährt fort: „Also haben wir das wirdige Heiltum, Got und Maria zu loben, dem Heiligen Reiche und allen deutschen landen zu eren und zu trost demütiklich aufgenommen." Man will das Heiltum am Freitag nach Karfreitag „weisen" (5. Mai 1424). Alle sind geladen, freies Geleit wird zugesagt, ausgenommen denen, die in Bann oder Acht stehen oder Geldschulden schuldig wären und solche, „die das Leben antreffen."[27]

Einige dieser vielen Bestimmungsorte liegen im äußersten Westen des Reiches, zum Teil auch außerhalb der Grenze: Brügge, Gent, Löwen, Mecheln, „Brabant", Lüttich und Brüssel – bemerkenswert deshalb, weil viele andere weit entfernte Städte, mit denen Nürnberg Handel trieb, nicht erscheinen. Den Grund dafür kann ich nicht angeben.

(57r) An Bamberg. Man behaupte in Bamberg, daß Ulrich Österreicher, genannt Strecksail, in Nürnberg die Stadt verboten sei, daß er im Pranger gestanden habe „und durch sein stirn geprannt sei". In Nürnberg sei die Sache aber unbekannt.

> *Und Kunstwerke – wie Veit Stoß – hat der angeblich Gebranntmarkte auch nicht hinterlassen.*

(57r) An Conz Truchseß zu Dachpach. Truchseß habe den Hans Zibitsch zu Weißenbrunn gefangen. Das sei „ungutlich" mit ihm geschehen. Der Rat wisse nichts anderes von ihm „denn frömkeit und guts"

> *– jedenfalls gegenüber dem Nürnberger Rat!*

---

[27] Eine eingehende Behandlung des Themas bei Julia S c h n e l b ö g l: Die Reichskleinodien in Nürnberg 1424–1523. In: MVGN 51 (1962), S. 78–159. – Der Reliquienschrein ist heute im Germanischen Museum zu sehen. Die Kleinodien selbst und die dazugehörigen Reliquien befinden sich in Wien.

(57v) An Ulm. Jacob Granatel aus Nürnberg wurde wegen seiner Habe aufgehalten, obwohl er dem Fuhrmann seinen Lohn gezahlt habe. Beteiligt: Herr Harsdörffer.

Vielleicht hat Granatel nicht nach Tarif gezahlt.

(59r) An Götz Schoder. Der Kürschner Füller habe Schoders Rock gefüttert. Es „wer aber icht[28] [etwas] geprechens[29] daran gewesen." Der Rat will Schoder zu seinem Recht verhelfen.

Lieber ein schadhafter Rock als eine tote Hose!

(61r) An Diepold Zebinger. In einer Streitsache gegen Hemler soll Zebingers „scheinbott"[30] nach Nürnberg kommen.

(61v) An den Bischof von Würzburg. Verhandlungen über den Landfrieden.

(61v) An Arnold von Seckendorf, Hofmarschall. Nürnberger Bürger, darunter Peter Haller, haben Rehe, Füchse und Hasen gefangen. Sie wurden von Leuten, „die das weren wölte[n], mit armbrosten[31] davon getriben". Zur Klärung schickt der Rat seinen Diener Hans Hölzel zu Seckendorf.

(66r) An Bischof Johannes zu Eichstätt. Der Dürlmeyr sei zu Katzwang gefangen worden. Zur Klärung der Angelegenheit entsandte der Rat seinen Diener Burk[hard] Reikratz nach Eichstätt.

(70r) An Antoni vom Rotenhan, Dechant zu Bamberg. Hans von Raumrod habe an den Nürnberger Rat geschrieben. Nun möge Raumrod seine „geprötte"[32] Knechte unter Geleit nach Nürnberg schicken. Man werde sie 3 Meilen zu und 3 Meilen von der Stadt begleiten.

(70v) An Wilhelm, Graf zu Castell[33]. Der Rat schreibt, daß „arme leut" von Ohausen dem Hausman Wein verkauft haben. Der Nürnberger Paulus Wechsler habe, zu Nutzen Hausmanns, den Wein genommen. Vor den Rat bestellt, wisse Wechsler „niht zu sagen".

Vielleicht hat Wechsler den Rat mit einigen Gläsern dieses Weins erfreut, da braucht er nichts mehr zu sagen.

---

28 Icht(s) = irgend etwas, G 127, daraus später ni-ichts = nichts. G 127.
29 Schaden.
30 Scheinbot = bevollmächtigter Stellvertreter, G 186.
31 Lat. arcuballista wurde am Ende des 12. Jhs. zu mhd. Armbrust eingedeutscht, K l u g e S. 31, um so eher, als man sich darunter etwas vorstellen konnte (bei Kluge fälschlich arucballista).
32 Geprotet = in eines Mannes Brot stehend, ihm dienen, G r i m m Sp. 1871.
33 Lehnwort aus dem lat. castellum = Burg.

Kommt man bei diesen Briefbüchern ins Lesen, so reizt das zur Fortsetzung der Lektüre. Von jetzt ab sagen wir statt „Kopie" einfach „Brief". Ich zitiere mit der Nummer des Blattes am Briefanfang und nicht nach dem Datum am Briefende. Die jeweilige Auflösung des Datums nach Heiligenfesten 1424 und 1510 würde für den Leser, falls er ans Original geht, wesentlich mehr Mühe und Sucharbeit bereiten.

Mitunter scheint es um grundsätzliche Rechte zu gehen. Wenn durch die Korrespondenz mit anderen Städten kein Erfolg zu erwarten ist, wendet sich der Rat an höhere Instanzen, an kirchliche oder weltliche Fürsten; hilft auch das nicht, tastet man sich an den König heran:

(71v) An des Königs Hauptmann in Bayern. Inhalt wie 83r (S. 10 unt.). Genannt: Hans Erlpek, Ratsdiener, Markart Cöler und Markart, alle Nürnberger Bürger.

Der Leser gestatte eine nochmalige Durchbrechung der chronologischen Reihenfolge; aber ich möchte den Vorgang nicht auseinanderreißen.

(71v, 90v, 92v, 94v, 96r) An den von Seckendorf. Besonders empfindlich reagiert der Rat, als man ihm die Rechte an einem Steinbruch, wohl bei Kornburg[34], absprechen will. Dieses Recht, so der Rat, habe ihm der König übertragen. Offenbar will das einer aus dem Geschlecht der Seckendorf nicht gelten lassen, denn der Rat schickt allein in diesem Jahr fünf Briefe an ihn. Aber der Seckendorfer bleibt harthörig.

(99r) An die Zwölf, „die über die einung des landes Franken gesetzt seyn." Den Steinbruch habe Nürnberg immer betrieben mit dem Recht, „auf des Reiches boden zu brechen, das doch unsere altvordern und wir, so uns das not gewesen ist, lenger denn jemant gedenkt, herbracht haben",

ja, vielleicht schon seit der Steinzeit,
wo das Material besonders gefragt war.

Allerdings wird nicht gesagt, daß der von Seckendorf ebenfalls Grundrechte über dieses Gebiet hat. Man wüßte nun gern, ob „die Zwölf" gegen Seckendorf eine entschiedenere Tonart angeschlagen haben oder ob sie es wegen eines Steinbruchs mit dem Seckendorfer[35] nicht verderben wollten. Jedenfalls hören wir im

---

[34] Burg des Kuro (= Konrad), M 126.
[35] Gerhard R e c h t e r : Die Seckendorf. Quellen und Studien zur Genealogie und Besitzgeschichte. Neustadt/Aisch 1987–1990.

Laufe des Jahres 1424 nichts mehr davon. Hoffen wir, daß Nürnberg später dann doch noch zu seinen Steinen gekommen ist.

(72r) An Bartholomes von der Layter, Herr zu Bern. In der Nähe von Freising haben „zwey schedlich knecht"[36] den Nürnberger Bürger Markart Cöler beraubt. Sie wurden in Freising „in fenknuss bracht". Genannt: Hans Erlbeck, ein Diener des Rats.

(72v) An Markgraf Wilhelm von Meißen[37]. Nürnberger Kaufleute seien im Thüringer Wald aufgehalten worden (Heinz Herbst, Teufel, Hans Mugenhofer, Hans Schreyer). Ihre Habe wurde nach Schloß Coburg gebracht.

> *„Reich mir die Hand, mein Leben, komm auf mein Schloß mit mir"* – *diese Aufforderung galt nur den Säcken mit Pfeffer, nicht aber für die Kaufleute selbst.*

(76r) An den Protonotar[37a] des Königs zu Gran. Der Rat erklärt sein Einverständnis mit dem Landfrieden zwischen dem König, dem Markgrafen von Brandenburg und Herzog Ludwig von Bayern[38].

(76v) An Conrad Ymendorffer, einst Landschreiber zu Aichach. Er solle in Nürnberg wohnen, Geleit haben und das übliche Recht genießen. Aber er sei noch im Bann und möge sich vorher aus dem Bann lösen.

(78r) An Rothenburg/T., Windsheim und Weißenburg. Verabredung eines gemeinsamen Treffens.

> *Wo du hingehst, da will auch ich hingehen (Ruth 1,16).*

(82v und 83v) An Herzöge Heinrich und Ernst[39] von Bayern. Inhalt wie 83r.

(83r) An Freising. Der Rat bittet, Übeltäter zu bestrafen, die einen Nürnberger Bürger angegriffen haben.

---

36 Knecht auch in der Bedeutung von Landsknecht, G 137.
37 Wilhelm II. der Reiche, Landgr. v. Thüringen u. Markgr. v. Meißen, 1371–1425; er war nur von 1407–1411 Mitregent des Markgrafen (später Kurfürsten) Friedrich I. (IV.), Markgraf von Meißen. Wilhelm war Mitbegründer der Universität Leipzig.
37a Protonotar = Kanzler eines geistlichen Fürsten.
38 Ludwig VII., Ludwig im Bart, Herzog von Bayern-Ingolstadt, 1365–1447.
39 Ernst, Herzog v. Oberbayern – München, 1373–1438; Heinrich, Herzog v. Bayern-Landshut, 1386–1450.

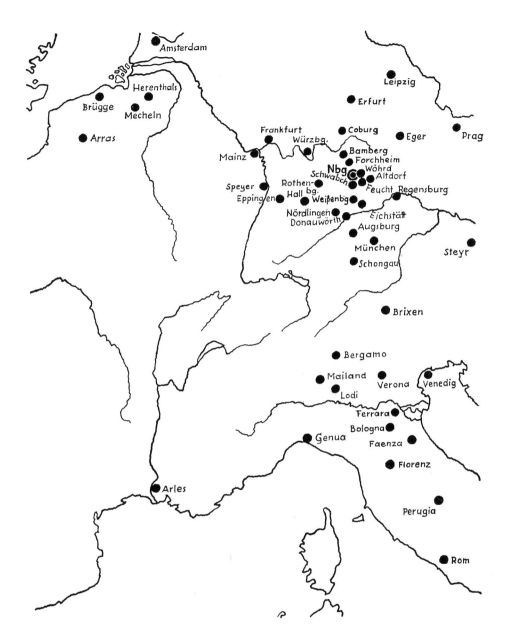

Abb. 3 Die im Praunschen Rechnungsbuch (15. Jh.) genannten Städte

(85r) An Diepold Zebinger. Die von Zebinger beschuldigten Männer wurden in Nürnberg nach Verhör nicht für schuldig erachtet („das nymt uns fremd von euch"). Zebinger soll einen „scheinbotten"[40] schicken.

(69v) An Bischof Johannes von Würzburg. Hans Mörder habe dem Swarzemberger, seine Habe in Nürnberg zu lagern, deshalb verboten, weil Swarzemberger ihm viele Jahre Geld schuldig sei.

Das nimmt uns fremd vom Swarzemberger.

(86r) An Burghard von Seckendorf zu Frankenberg. Der beschuldigte Görg Conner soll Nürnbergs „heymlicher Knecht" sein. Der Rat weist das zurück; er sei weder ihr Diener noch ihr Knecht.

Unter einem heimlichen Knecht stellte man sich eine Art Geheimpolizei vor.

(86v) An Diether Lantschaden, Viztum zu Aschaffenburg. Wie der Jüdin Yosep Pützlin so wolle Nürnberg auch dem Juden Meyr Geleit geben.

(87r) An die Brüder Hans, Hainz, Karl, Görg und Eberhard sowie Hans d. J. von Guttenberg. Die Guttenberger hatten sich beklagt, daß einige Nürnberger Diener bei Nacht um ihr Schloß gegangen seien. Der Rat beteuert, daß dies nichts zu bedeuten habe, da wir „mit euch niht wissen zu schiken haben denn freuntschaft und gutes". Genannt: Wilhelm Ebner.

Denn die einen sind im Dunkeln,
und die andern sind im Licht.
Doch man siehet die im Lichte;
die im Dunklen sieht man nicht.
– ein Irrtum, wie sich zeigt!

(87v) An Weißenburg. Über „spän"[41] zwischen Georg Schenk von Weißenburg und Nürnberger Bürgern. Genannt: Jobst Spalt vom Rat in Weißenburg.

(88r) An Dinkelsbühl. Herzog Ott von Bayern halte jetzt „sein wesen" in Amberg und führe seinem Bruder, dem Pfalzgrafen, „etwieviel volks" zu Dienste.

---

[40] Scheinbot siehe Anm. 30.
[41] Span = Zwist, G 203.

(88v) An Konrad Reyehart, einst zu Teylnhof. Er liege mit Hans von Hausen in Feindschaft. „Nu seyn uns unsersteils sölich widerwertikeit niht lieb." Der Rat schlägt gütliche Einigung vor.

(89r) An Regensburg. Der König habe befohlen, den Ketzern und Ungläubigen in Böhmen keine Speise oder andere notwendige Waren zuzuführen. Regensburg solle sich dazu äußern. „Nu sei uns sölichs geprechen des unglaubens zu Beheim allweg im ganzen treuen laid gewesen … und ist auch noch unser meinung nicht, das kein der unsern den ungleubigen Hussen[42] ichtes"[43] gebe.

(89v) An Diether Landschaden, Viztum zu Aschaffenburg. Auf Grund der Bitte des Viztums gewähre Nürnberg dem Weib des Juden Pützel Geleit, damit sie in Nürnberg ihre Geldschuld bezahlen kann. Dasselbe Geleit hatte Nürnberg vormals dem Juden Strölin gewährt. *Zahlungswillige Schuldner erhielten stets Geleit.*

(89v) An Erkinger von Saunsheim vom Stephansberg. Der Rat weist die Anschuldigung zurück, daß Görg Cammer sein heimlicher Diener sei und dem Rat etwas „fürbringen sülle sache uns berürend". Er sei weder heimlich noch öffentlich Nürnbergs Diener. „Wir wissen unsers teils von im anders niht denn frömkeit und guts".

Mitunter finden sich zwei Briefe auf einer Seite, wie in diesem und im folgenden Falle.

(91r) An Ulm. Der Rat wisse nichts über die nächsten Absichten des Königs.

(91r) An Rothenburg/T. Der Rat bittet um gute Behandlung der Nürnberger „reisigen"[44].

(93r) An Wilhelm, Landgraf zu Thüringen und Markgraf zu Meißen[45]. Es geht um eine Auseinandersetzung zwischen Nikel Tenner zu Zwickau, Niclas Rummel von München und Ott Beheim. Der Rat will mit Tenner oder seinem Vertreter reden. *Die drei Männer sollten die Sache durch eine Runde Skat entscheiden.*

---

[42] Hussiten.
[43] Eine gewisse Anzahl, etwas.
[44] Reisen = ins Feld ziehen, G 176; reisig = gerüstet, ebd.
[45] Wilhelm II. der Reiche, 1371–1425.

(94v) An die Stadt Zittau („Sittau")[46]. Es geht um den Abtransport von 24 Stück Blei durch Jakob Granetell, wobei Zittau Bedingungen stellt.

Oft weiß man nicht, worum es sich handelt. Es fehlen die Gegenbriefe an den Rat, also Anfragen oder Antworten. Sie sind zwar verzeichnet, aber nur für die Jahre 1449–1457 und nur in Stichworten, ediert von Dieter Rübsamen[47].

(95r) An Bischof Friedrich von Bamberg. Ein Bote des Königs habe einen Brief für Bamberg gebracht, den der Rat ungelesen an den Bischof weiterleitet.

Ein feiner Zug von Diskretion.

(95r) An Arnold Hofmeister, Erhard Haller, Conrad Paumgartner, Sigmund Snöd und Heinrich Rummel. Nürnberger Bauern haben ohne Recht ihr Vieh in fremdes Holz getrieben und Schaden angerichtet. Der Rat will das untersuchen.

(95r) An Linhart Strolnfelser zu Reichenschwand. Der Rat beschwert sich, daß man den „armen leuten"[48] in Oberndorf Gewalt und Schaden antue.

Wie sich hier wie auch später zeigt, setzt sich der Rat für seine „armen Leute" ein.

(96v) An Dieter Lantschaden, Viztum zu Aschaffenburg. Auf seinen Wunsch hin gibt Nürnberg dem Strölein Juden verlängertes Geleit.

(97r) An Rothenburg/T., Schweinfurt, Windsheim und Weißenburg. Sie sollen mit dem Rat lieber mündlich reden über die Botschaft des Königs, „davon wir niht gern schreiben", und werden ersucht, ihre Boten nach Nürnberg zu schicken.

Schreiben ist Silber, Reden ist Gold.

---

[46] Im Original „Sittau". Tatsächlich findet sich für Zittau/Sachsen im Mittelalter die Form Sittaua, ein slawischer Frauenname, oder abgeleitet von sorbisch(?) = Korn. Mitt. v. Jutta R o t h a n n, Leiterin des Stadtarchivs Zittau.

[47] Dieter R ü b s a m e n : Die Briefeingangsregister des Nürnberger Rats für die Jahre 1449–1457 (Histor. Forschungen Bd. 22) Sigmaringen 1997.

[48] Unter „arme leut" oder „armlent" verstand man die Hintersassen auf dem Lande. Mitt. v. Karl K o h n, Nürnberg.

Obwohl der König vom Rat nur viermal direkt angeschrieben wurde, so ist doch von ihm in anderen Briefen oft die Rede – meist im Zusammenhang mit den Hussitenkriegen, aber auch in anderer Hinsicht. Und nun wird die Sache delikat, nämlich wenn es um Dinge geht, die außer dem König und dem Nürnberger Rat niemand wissen soll. Dann stecken beide unter einer Decke und flüstern sich Staatsgeheimnisse zu:

(98r) An den König [Sigismund]. Der Rat schreibt, daß ihm „insgeheim zu wissen ist worden", daß der Erzbischof von Mainz, der Herzog von Sachsen und der Markgraf von Brandenburg sich in Frankfurt getroffen, dort „on beywesen irer räte" insgeheim beieinander gesessen und verhandelt haben. „Erfüren wir aber hernach icht [etwas] trefflichs davon, das uns notdürftig deucht wir kgl. Durchleuchtikeit zu künden, das täten wir aber williklich und gern".

Sicherlich wird der Rat noch etwas „trefflichs" zu Tage gefördert haben, denn seine Agenten waren überall. Wenn auch einer von ihnen sich nicht gerade unter dem Tisch jener drei konferierenden Fürsten verborgen hatte, so ließ sich auf Umwegen und mit klingender Münze manches erfahren.

Der Rat legte Wert auf Geheimdiplomatie. Er fühlt sich bloßgestellt, wenn Unberufene etwas von seinen diskreten Kontakten mitbekommen.

(98v) An Dr. Konrad Kunhofer. Der Rat bittet ihn, nach Nürnberg zu kommen, da „wir etlich unser notdurft mit euch zu reden haben, davon wir nicht gern schreiben."

> Blamier mich nicht, mein schönes Kind,
> und grüß mich nicht Unter den Linden.
> Wenn wir nachher zu Hause sind,
> wird sich schon alles finden.

(100r) An die Stadt Magdeburg („Maydburg"). Man möge helfen, daß die Nürnberger Bürger unbeschatzt[49] freikämen. Genannt: der von Seltheim und der Nürnberger Bürger Imhoff.

(103r) Der Rat verspricht schriftlich Geleit zu geben für Erzbischof Conrad zu Mainz, Bischof Johannes von Würzburg, Graf Johannes von Wertheim, Wilhelm, Graf zu Castell, Conrad Schenk zu Limburg, Arnold von Seckendorf, Amtmann zu Neustadt/Aisch, Conrad Burggraf zu Miltenberg, Diethard Landschaden, Viztum zu Aschaffenburg.

> Vielleicht wollten sie alle in Nürnberg ihre
> Schulden bezahlen.

---

[49] Ohne Abgaben, steuerfrei.

14

Das Geleit galt dem Schutz der Reisenden vor Überfällen und war von großer praktischer Bedeutung. Die Reisenden wurden durch ein bewaffnetes Gefolge geschützt. Ursprünglich war das Geleit ein königliches Hoheitsrecht, doch usurpierten es allmählich auch die deutschen Landesfürsten und Reichsstädte. Wer es in Anspruch nahm, mußte Geleitzoll bezahlen. Nürnberg hatte also einen kleinen Vorteil davon. Daß aber der Rat deshalb heimlich Placker angestellt habe, um möglichst viele Straßen unsicher zu machen, ist eine böswillige Behauptung.

(104r) An Herzog Heinrich von Bayern[50]. Der Rat entschuldigt sich, daß sich „die von Kronberg von Franzen Syntmans wegen gegen euer fürstlich Gnaden und den euern angenommen haben und seyn uns söllich widerwertikait mit treuen laid."

> *Man litt damals noch nicht unter der Rechtschreibreform.*

(105v) An Heinrich Fronhofer, Vogt zu Hilpoltstein. Es werde dem Rat gemeldet, daß „arme Leute" zu Dachstetten wegen beängstigenden Gerüchten in Sorge seien. Der Rat bittet um Aufklärung.

(108r) An den Rat zu Heidingsfeld. Ein Bäckersknecht aus Heidingsfeld, H. Stang, habe sich in Nürnberg beklagt, „wie [irer] vier i[h]n und einen priester, der heraus von Rom mit ihm gegangen were, in Heideker Wald beraubt und villeiht dermördt" hätten. Aber es kamen Leute dazu und halfen ihnen. Einer der vier sei der Weiss von Leinburg. Er wurde in Nürnberg verhaftet.

> *Zum Glück wurde der Bäckersknecht vielleicht nicht ermordet!*

(109v) An Ingolstadt. „Wir und die unseren wurden mit merd[51] und mit nom[52] vil und manigfeltiklich beschedigt". In Ingolstadt sei Enderlein Rumerer verhaftet worden; er möge entsprechend verhört werden.

> *Hoffentlich ist nicht das französische Wort merde gemeint.*

Gelegentlich erlaubt sich der Rat, sich an seine Heiligkeit den Papst zu wenden.

---

[50] Heinrich IV., Herzog von Bayern-Landshut, 1386–1450.
[51] Merde = Gemenge, G 158, = Suppe, S c h a d e S. 395.
[52] Nom = Diebstahl, Raub, G 168 (vgl. nhd. Weg-nahme).

(110r) An den Papst. Bitte um gnädige Behandlung des Nürnberger Bürgers Burghard Reykershofer.

Papst war 1424 Martin V. Colonna, 1368–1431. Den Stuhl Petri hatte er seit 1417 inne. Mit ihm wurde das abendländische Schisma beendet. Er ging an den Aufbau des Kirchenstaates und restaurierte Basiliken und den Vatikan. Damals war Rom in tiefem Verfall begriffen. Banden wechselten sich ab, die Stadt zu erobern. Dem Papst Martin V. spricht Gregorovius[53] durchaus Charakter zu. Doch die alte Schwäche der Päpste, der Nepotismus, galt auch für ihn.

Die Kontakte zu König und Kaiser waren nicht nur für Nürnberg selbst wichtig. sondern auch umgekehrt: die Reichsspitze wußte die Macht und das Geld der Reichsstadt zu schätzen und nutzte sie auch als Nachrichtenquelle. Außerdem bediente sie sich ihrer als Mittler zu anderen Städten, besonders zu anderen Reichsstädten. Hatte der König an mehrere Reichsstädte dieselbe Botschaft brieflich zu versenden und der königliche Kanzlist keine Lust zu solch eintöniger Arbeit, dann beauftragte er für diese Aufgabe den Schreiber von Nürnberg, natürlich immer auf „allergnädigsten Wunsch". Man kann sich die Freude des Nürnberger Schreibers über so häufige Zumutungen vorstellen!

(110v) An Ulm. Der Rat stellt Ulm die Abschrift eines königlichen Briefes zu. Der König wünsche, daß alle Reichsstädte den Inhalt dieses Briefes beherzigen und ihre Botschafter nach Wien schicken sollen „von sachen wegen das Heilige Reich und christenglauben antreffend".

(110v) An Konstanz. Zwischen Ludwig von Kunigseck, Landeskomtur des Deutschen Ordens im Elsaß, und Konstanz sind Kontroversen entstanden. Der Rat bietet sich als Vermittler an.

Mitunter erfährt man, wie stark damals der Handel noch unter den Raubrittern, den „Plackern", zu leiden hatte[54]. Überhaupt liest man viel von Überfällen auf einzelne Personen, von Raub, Totschlag, Gefangennahme, Beleidigungen, Diebstahl von Vieh, Feldfrüchten oder Handelsware, man hört von flüchtigen Verbrechern, widerrechtlichem Viehtrieb, widerrechtlichem Holzschlag, Bruch des Geleitsrechts, Falschmünzerei, Geldschulden, Widerstand gegen die Obrigkeit, Betrug bei Geld- und Warengeschäften, Übertretung der Nürnberger Hoheitsrechte und dergleichen mehr. Dabei hat man den Eindruck, daß der Rat

---

[53] Ferdinand Gregorovius, Geschichte der Stadt Rom im Mittelalter, München 1988, Bd. 3/1, S. 4–12.
[54] Kusch S. 91.

16

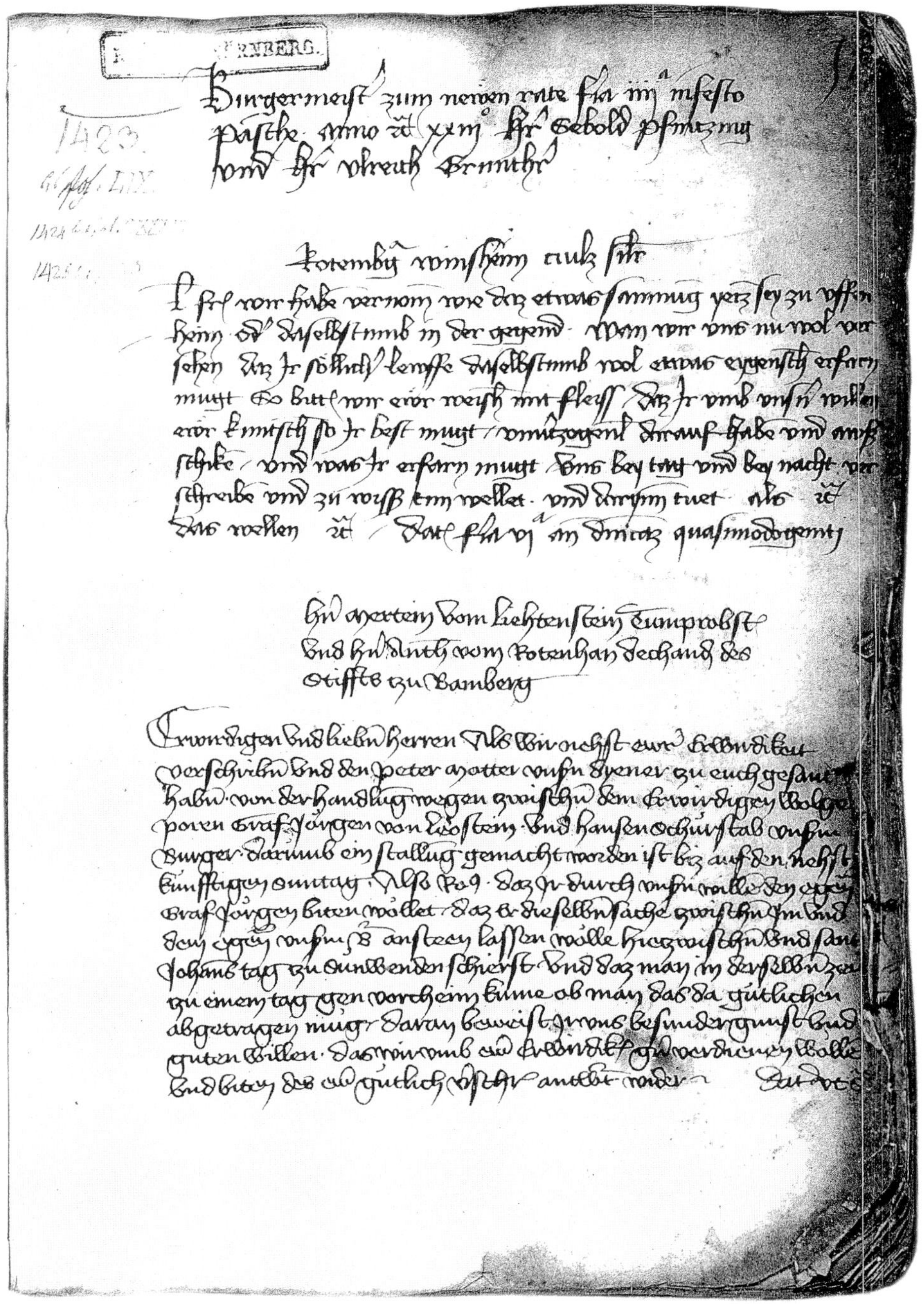

1423.

Burgermeist zum newen rate fia im mitwoch
nach pasche anno etc xxiij° Hr Sebold Pfintzing
vnd Hr Vlreich Grundher

Potembrg vein shrm aulz fur

[...handwritten medieval German text...]

Hr Merteyn vom Liehtenstein tumprobst
vnd Hr Vlrich vom Rotenhan dechant des
Stiffts zu Bamberg

[...handwritten medieval German text...]

Abb. 4 Schriftprobe aus den Nürnberger Briefbüchern, 1424

stets bemüht war, die Ereignisse zu entdramatisieren. Doch gehen wir wieder ins Konkrete:

(115v) An die Reichsstädte in Schwaben um den Bodensee und die anderen Reichsstädte in Ober- und Niederschwaben sowie an die in Franken[55]. Die Abgesandten dieser Städte seien unlängst in Ulm beieinander gewesen. Der König habe befohlen, daß sie alle wegen der Weisbergischen Angelegenheit nach Wien zu kommen hätten.

(118r) An Ulrich von Laufamholz. Hans Raumrod habe Peter Kropf, Ulrichs Knecht, beschuldigt, „er wölt in gegen uns verraten haben". Der Rat verhört alle Beteiligten und findet die Anschuldigung unbegründet.

(118v) An Stadt Metz. Die Habe des Nürnberger Bürgers Hans Dürr sei zu Metz „aufgehalten und bekümert"[56] worden. Dabei habe sich Dürr für einen Bürger aus Trier ausgegeben. Er sei tatsächlich ein solcher; aber der Rat gestattet nicht, daß seine Bürger noch in einer anderen Stadt das Bürgerrecht erwerben.

Doppelte Stadt-Bürgerschaft – also schon damals ein brisantes Thema!

Frauen werden in unseren Korrespondenzen selten genannt. Alles hatte der Mann zu sagen und zu unternehmen. Den Frauen war es gestattet, zu Hause zu bleiben oder in die Kirche zu gehen. Zwar brauchten sie kein Kopftuch zu tragen, aber sie hatten im öffentlichen Leben wenig Rechte. Lassen wir einige Damen zu Wort kommen:

(119r) An den Bischof von Eichstätt. Die Mutter des Goldschmid [Name?] sei beim Rat von Nürnberg gewesen und habe Forderungen an Cöllner gestellt. Sie bestehe auf ihrem Recht.

Sie als Frauenrechtlerin zu bezeichnen, wäre übertrieben.

(116r) An Wilhelm von Rehberg, Amtmann zu Uffenheim. Barbara, Witwe des Nürnbergers Caspar Wernitz, habe ihren Weingarten zu Gegersheim einem Mann namens Praun vermacht. Das wolle ihr zweiter Ehemann Seifrid von Goßheim hintertreiben. Der Rat bittet, auf Goßheim zu wirken.

---

[55] Für mehrere Briefe gleichen Inhalts liegt jeweils nur eine Kopie vor.
[56] Kumber, Kummer = Bedrängnis, Sorge, G 143; kumbern = belästigen, L 136; nach K l u g e S. 421 urspr. verwandt mit lat. con-ferre = zusammentragen.

(119r) An Weißenburg, Windsheim, Rothenburg/T. und Schweinfurt. Der König rät, ihre Abgesandten nach Nürnberg zu schicken.

Sigismund wurde 1368 in Nürnberg geboren und starb 1437. Er war König von Ungarn und Böhmen, seit 1410/11 deutscher König und seit 1433 deutscher Kaiser. Er verfolgte das Ziel einer europäischen Koalition gegen die osmanische Bedrohung. Vorbedingung hierfür war die kirchliche Einheit, die auf dem Konstanzer Konzil (1414–1418) erreicht wurde. Seine Kräfte wurden weitgehend durch die 1419 beginnenden Hussitenkriege gebunden. Das hatte er sich selbst eingebrockt, gehörte er doch zu denen, die dem böhmischen Reformator Johann Hus das Geleit gebrochen und ihn hatten hinrichten lassen. Im übrigen sieht man Siegismunds Regierungszeit als letzte Glanzepoche mittelalterlichen Kaisertums.

(119r) An den König. Inständige Bitte des Rates: der König möge das Anliegen seines Ratsfreundes Johann von Heideck fördern, „der uns zu disen zeiten etwas gewant und verpunden ist … [und wir] unseres teils sein person und gegenwärtigkeit lieber her heim zu lande denn ausserhalb landes sehen".

„Sagt, ist es Liebe, was hier so brennt?"

(120r) An Ulm. Der Rat habe an die Reichsstädte der Vereinigung in Schwaben um den See[57] und an die anderen Reichsstädte in Ober- und Niederschwaben sowie an die in Franken geschrieben und zu der „sache von Weinsperg" Stellung genommen. Nürnberg und die angeschriebenen Städte sollen auf Weisung des Königs nach Wien kommen, um die Angelegenheit zu klären und „der cristenheit des heiligen cristenglaubens und des Heiligen Reichs merklich sache und notdurft daselbst zu besliessen."

(120v) An Johannes, Bischof von Würzburg. Es geht um das Recht der Englin.

(121r) An Friedrich, Markgraf zu Brandenburg. Der Rat berührt verschiedene Rechtspositionen. Involviert: Herr Conrad Truchsess, Hans Friederek.

(122r) An Bamberg. Die Nürnberger Bürger Hans und Peter die Tyntner wurden von Hermann Melmeister „bekümert". [Wahrscheinlich geht es um ihre Handelswaren].

Nicht das einzige Mal, daß die „Placker" den Nürnberger Kaufleuten Kummer bereiteten.

---

[57] Bodensee.

(122r) An Wilhelm, Graf zu Henneberg. Der Rat dankt für die Ledigsagung[58] des Hans Soldner und bittet, ihm auch seinen Panzer zurückzugeben,

damit er nicht nackt nach Hause kommt.

(122v) An Herzog Johannes von Bayern. Der Herzog habe mitgeteilt, daß Ulrich Siedel und C. Dietrich angegeben haben, daß sie die Erben der Habe einer alten in Nürnberg verstorbenen Frau seien. Vertreter ("scheinbot") dieser „armen leute" ist der Priester Hans Nebel.

Besonders interessieren Briefe, die expressis verbis den Hussitenkrieg erwähnen:

(122v) An Herzog Otto von Bayern. Der Rat habe von den Schäden gehört, die die Hussiten dem Herzog, seinen Dienern und armen Leuten angetan und auch andere Frevel wider Gott begangen haben, was ihm, dem Rat, „mit treuen laid" sei. Auch die Meinung des Rats sei es, den Hussiten nichts, was ihnen nützlich ist, zuzuführen.

Johann Hus, der Reformator aus Prag, geboren um 1370, war trotz des ihm zugesicherten freien Geleits 1415 in Basel zum Tode verurteilt und verbrannt worden. Darauf erhoben sich 1419 seine Anhänger, und der Hussitenkrieg begann. Die Heere der Hussiten zogen brandschatzend durch deutsche Länder. Sie verlangten die ungehinderte Predigt der heiligen Schrift, offenbar eine unverschämte Anmaßung. Dazu kamen nationaltschechische Forderungen. Ihr Führer hieß Johann Žiska. Sigismund, der sich in Prag noch hatte krönen lassen, flüchtete Hals über Kopf aus der böhmischen Hauptstadt. Er stellte ein Heer auf, erlitt aber gegen die Hussiten bei Taus (Domažlice) eine schmachvolle Niederlage. Erst 1436 wurde der Krieg beendet.

(124r) An Heinrich Nothafft zu Werdenberg. Der Rat schreibt, daß Nothaffts „gebroter"[59] Hans Hesse den Nürnberger Bürger Kyndhausen gefangen habe. Bitte um Freilassung.

(124v) An Windsheim und Rothenburg. Sie und Nürnberg sollen sich nach Willen des Königs in Regensburg treffen.

Wir haben gehört, daß die Beziehungen des Nürnberger Großhandels zu den fernen Bestimmungsorten nur bedingt einen Niederschlag finden, außer denen zu den Niederlanden. Dennoch werden Handel und Wirtschaft in den Texten der Briefe gelegentlich erwähnt. Hier ein Beispiel:

[58] Freisprechung.
[59] Geprotet siehe Anm. 32.

19

(125r) An Francisco Fustari [Venedig], lat. Der Nürnberger Bürger Johannes Coler handelte „spe bone confidencie" mit kleinen Fellen. Sein Handelspartner sei Matia dicto Deletore. Nunmehr gäbe es Schwierigkeiten mit der Bezahlung.

(125v) An Hartmann und Albrecht vom Egloffstein. Der Rat berichtet über den Viehtrieb der Schafe zu Pellhof. Die „armen leut" [auf Seiten Nürnbergs] würden den dortigen Leuten entgegenkommen, hätten aber zu viel Verlust dabei.

(125v) An Herzog Johannes von Bayern[60]. Der Rat schreibt, wegen „der sachen" in Wendelstein und wegen den Inwohnern der Dörfer werde er seinen Diener Peter Heydenaber schicken.

(126r) An Ulrich Reisacher, Pfleger zu Hennpaur. Der Nürnberger Bürger Heinrich Spörlein soll dem Philipp Pesser zu Hennpaur etwas schuldig sein. Spörleins Weib und seine Tochter dürfen sich deshalb in Hennpaur nicht mehr sehen lassen. Der Rat verhörte darauf Spörlein, der behauptete, dem Pesser nichts zu schulden. Spörlein wolle wissen, wieso Pesser dies behaupten „türte"[61].

(126v) An Sebold Pfinzing und Peter Volkm[eier][62]. Der Botschafter des Rats sei von Aschaffenburg zurückgekommen und berichte, daß der Erzbischof von Mainz, der Pfalzgraf und der Markgraf von Brandenburg „mit ir selbs leibe" und mit ihren Räten dort gewesen seien, ohne eine Einigung zu erzielen. Der Rat mache den Vorschlag: einer der Kurfürsten soll sich zum König begeben, um über die Schulden zu verhandeln, die Herzog Johannes [von Bayern] der „Jüdischheit" verschrieben habe.

Der eigene Leib des Königs wird schon das richtige treffen.

(127v) An Amberg. Über eine persönliche Schuldsache. Genannt: Meister Ulrich Schmid genannt Herzog, sein „swiger"[63] die Guldenmundin, Bürgerin von Amberg, Hans Guldenmund, Ulrich Guldenmund[64], Fritz von Amberg.

---

[60] Johann, Herzog v. Bayern, 1374–1425.
[61] Turren = sich unterstehen, etwas wagen, L 276.
[62] Wohl eine Form des später üblichen Volkamer (Volckamer).
[63] Schwiegermutter.
[64] Zur Familie Guldenmund: Ursula T i m a n n : Untersuchungen zum Nürnberger Holzschnitt i. d. 1. Hälfte d. 16. Jhs. (Hans Guldenmund, Niclas Heldman): Münster 1993, S. 79–88.

Abb. 5 Die Verkündigung an Maria. Gemälde v. Konrad Witz, um 1444

(128v) An Sebold Pfinzing und Peter Volkm[eier]. Des Königs Herold, dem Romreich, sei bei Höchstett sein Pferd geraubt worden. Ein Diener des Rats, Aurach, den man zu Hilfe schickte, wurde jedoch „verunglimpft"[65].

> *„Ein Pferd! Ein Pferd! Mein Königreich*
> *für'n Pferd!"*

(129r) An den Bischof von Würzburg. Der Rat versichert, mit Görg von Hesspurg „nicht wissen args zu schicken, der doch uns und die unseren vil und dik[66] beschedigt und beschatzt[67] hat". Der Rat schlägt eine Zusammenkunft vor, ohne gegenseitige Bedingungen. Beteiligt auf der Gegenseite: Simon Jeger.

(130v) An Rothenburg/T., Schweinfurt, Windsheim und Weißenburg. Der Herzog von Bayern habe eine „Werbung" auch an Nürnberg geschickt. Aber da es „uns niht wol füklich ist über lande zu schreiben, schikt ihr als jemants der euern, dem ir getraut und verswigen ist, darumb zu uns. Den wollen wir umb euern willen müntlich gern unterrichten."

(130v) An den Bischof von Würzburg. Der Rat stehe sich mit Görg von Hesspurg „ungeverlich[68] gütlich".

(131v) An Peter, Propst zu Zenn. Die geistlichen Frauen von Pillenreuth haben vom Propst für etliche Zeit „zwen herren" ausgeliehen. Die Frauen bitten, deren Aufenthalt zu verlängern.

Die „zwen herren" erwiesen sich demnach als so tüchtig, daß die Nonnen um eine Verlängerung der Leihfrist baten – ein Aha-Erlebnis, allerdings für solche, die nur flüchtig von den skandalösen Verhältnissen in den Klöstern vor der Reformation gehört haben. Pillenreuth galt als vorbildlicher Konvent. Jene Herren waren Priester, die den Nonnen die Beichte abnahmen, die Messe lasen und sich auch um andere geistliche Pflichten kümmerten.

(133r) An Ulm, Regensburg und Rothenburg/T. Der Nürnberger Rat bittet diese Städte auf Anregung Herzog Heinrichs von Bayern, ihre Boten nach Kelheim zur Beratung zu schicken.

---

[65] Ungelimpf = Ungnade, G 519; glimpf = Ehre, angemessenes Betragen, G 109; ungelimpfen = tadelnd vorwerfen, L 196. Das Wort schon im Ahd., vgl. K l u g e S. 261.

[66] Dick = oft, G 50.

[67] Besteuert.

[68] Nicht das heutige annähernd, ungefähr, sondern ohne Gefahr, ohne Zwietracht.

Für 1424 schien sich noch eine heitere Episode abzuzeichnen. Nürnberg beklagte sich bei Gott und aller Welt, daß seine frommen Mitbürger, die nach Heiligenblut wallfahren wollten, von bösen Buben überfallen und beraubt worden seien. Und wo? Bei Chemnitz in Sachsen. Ich dachte zunächst an den bekannten Wallfahrtsort Heiligenblut in den Hohen Tauern und fand es seltsam, wenn man dorthin von Nürnberg aus den Weg über Chemnitz in Sachsen nahm. Bald wurde ich eines besseren belehrt: es gab und gibt mehrere Wallfahrtsorte mit dem Namen Heiligenblut. Vielleicht handelt es sich um den Wunderblutschrein in der Wallfahrtskirche zu Bad Wilsnach in der Prignitz[69].

(92v) An Markgraf Friedrich von Brandenburg[70]. Der Rat meldet, daß Heinrich von Veltheim zwei Nürnberger Bürger, „die mit anderen zum Heiligenplut gewallet seien", gefangen genommen habe und ins Gefängnis gesteckt, obwohl man mit dem von Veltheim niemals etwas zu schaffen gehabt. Der Rat bittet den Markgrafen um Eingreifen.

Vielleicht waren es Kaufleute, die etwas mehr sahen und erfuhren, als ihr Handelsgeschäft erforderte. Dann wäre die Wallfahrt eine Schutzbehauptung. Oder sie entsprach den Tatsachen. Vielleicht hatten die Kaufleute gerade derart vorteilhafte Geschäfte gemacht, daß sie ihr Gewissen erleichtern wollten. Nehmen wir zu ihren Gunsten das letztere an!

(93r) Dieser Brief nennt keinen Empfänger und hat lediglich die Überschrift „Abest". Er ist durchgestrichen und wurde offenbar nicht abgeschickt. – Inhalt ähnlich wie 92v.

(130v) An Herzog Friedrich von Sachsen. Etliche Nürnberger Kaufleute seien aufgehalten und gefangengenommen worden und zwar in „herrn Friederichs Herzogen zu Sachsen … gepiete bei Kempnitz."

(111r) An Guntherr, Erzbischof von Magdeburg. Heinrich von Veltheym habe H. Imhof und seinen Diener Ott auf der Wallfahrt zum Heiligen Blute gefangen. Der Rat sendet zur Aufklärung seinen Diener Hans Grelbeck.

(129v) An Kurfürst Friedrich[71] von Sachsen. Der Rat dankt ihm, [weil er sich offenbar für die Freilassung der Gefangenen eingesetzt hat].

Während also die anderen Fürsten die Sache der Mühe nicht für Wert hielten zu antworten, schien der Kurfürst von Sachsen immerhin etwas in die Wege

---

[69] Mitt. v. Dr. Ursula Tim a n n, Germ. Nat. Mus.
[70] Friedrich war zugleich Kurfürst von Brandenburg.
[71] Friedrich I. der Streitbare, Kurfürst v. Sachsen, 1369–1428.

geleitet zu haben. Er war kein anderer als Friedrich der Streitbare aus dem Hause Wettin, einer der sein Geschäft verstand. Für seinen Einsatz im Kampf gegen die Hussiten war er im Jahre vorher vom König zum Kurfürt von Sachsen erhoben worden, während er bis dahin nur Herzog gewesen war. In der Wallfahrtsangelegenheit schien es ihm günstig, mit der reichen Handelsstadt Nürnberg im Gespräch zu bleiben.

Die vorausgegangene Übersicht zeigt, daß die Ratskorrespondenz sich zum großen Teil auf die Rechte einzelner Nürnberger Bürger bezog und damit zugleich auf die Jurisdiktion der Reichsstadt selbst. In diese Richtung gehen auch viele Briefe an auswärtige Mächte, so an die der unmittelbaren Nachbarschaft. Auch politische Auseinandersetzungen beziehen sich oft auf auswärtige Mächte, besonders auf die – meist mit Nürnberg verbündeten – süddeutschen Reichsstädte. Politische Aspekte erkennen wir in den Briefen an den König oder in jenen Briefen, in denen der König erwähnt wird. Die enge Verbindung der Reichsstadt mit der Spitze des Reiches klingt immer wieder an. Im politischen Kontext hören wir oft von den bayerischen Herzögen, weniger von den Brandenburger Markgrafen, obwohl gerade sie es waren, deren Politik auf Nürnberg gefährlich einwirkte, ein Problem, das sich einige Jahre später, im ersten Markgrafenkrieg, zu höchster Spannung steigerte. Die Hinweise auf Wirtschaft und Großhandel bleiben marginal.

Aus der ersten Hälfte des 15. Jahrhunderts gibt es an Architektur und Bauplastik in der Altstadt von Nürnberg noch einiges zu sehen[72]. Interessante Einzelobjekte zeigt das Germanische Museum, so z. B. die neun sitzenden Apostel aus gebranntem Ton, oder das sehr schöne 1444 entstandene Gemälde von Konrad Witz „Verkündigung der Maria". Der Künstler versetzt die Szene in seine eigene Gegenwart. Statt des bis dahin gebräuchlichen Goldteppichs als Hintergrund bemüht er sich um Perspektive und gibt einen realistischen kleinbürgerlichen Raum, erfüllt von Licht und Luft.

---

[72] Siehe F e h r i n g / R e s s / S c h w e m m e r : Die Stadt Nürnberg, Kurzinventar (Bayer. Kunstdenkmale X), München 1977.

Nürnberg im 16. Jahrhundert

Wir kommen zum 16. Jahrhundert und zur auswärtigen P o l i t i k . Maximilian I.[73] bezeichnete Augsburg und Nürnberg als seine Liebhaberinnen[74]. Das ist hübsch gesagt; man kann nur hoffen, daß, zumindest Nürnberg, auch auf seine Gegenliebe stieß, was sicherlich der Fall war. Wir wollen uns hier nicht über das Liebesleben des Kaisers verbreiten. Nur so viel: seine erste Ehegattin, Maria von Burgund, scheint eine hübsche Frau gewesen zu sein. Sie starb als 25jährige nach nur 5jähriger Ehe.

Die Reformation grollte erst, noch war sie nicht da. Auf Maximilians Empfehlung hin schloß sich Nürnberg zeitweise dem Schwäbischen Bunde an[75]. Nürnberg war einerseits bedroht von den brandenburgischen Markgrafen von Ansbach-Bayreuth, andererseits von den Wittelsbachern. Nürnberg mußte einen ständigen Kleinkrieg mit Ansbach führen, vor allem wegen der Blutsgerichtsbarkeit, der Fraisch, die Ansbach in mehreren Orten des Nürnberger Territoriums mit mehr oder weniger Berechtigung beanspruchte. 1504 beteiligte sich Nürnberg mit Zustimmung der Kaisers am Bayerischen Erbfolgekrieg auf Seiten Bayern-München, wobei es an den militärischen Aktionen teilnahm[76]. Es hatte Glück und gewann dadurch als böhmische Lehen die Ämter Altdorf, Lauf, Hersbruck, Velden, Reicheneck, Betzenstein und Hiltpoltstein[77]. Damit besaß Nürnberg ein Territorium von der Größe eines kleinen Fürstentums. Der Neid anderer Reichsstädte war ihm gewiß, doch ordneten sie sich stets, wenn es günstig schien, dem mächtigeren Bruder unter.

In der Reformationszeit[78] handelte es sich für das protestantisch werdende Nürnberg darum, das Einvernehmen mit dem katholisch gebliebenen Kaiser Karl V.[79] nicht zu verlieren, und nun sieht man mit Erstaunen, daß der Reichsstadt der Balanceakt tatsächlich gelang. Diese Leistung kann als Höhepunkt ihrer raffinierten Politik gewertet werden. Und dabei ging es nicht um einiger-

---

[73] Maximilian I., 1459–1519, dt. Kaiser seit 1508.
[74] S c h n e l b ö g l , P 120.
[75] P 120. – Der Schwäbische Bund wurde 1488 als Landfriedenseinung des schwäb. Adels, der Reichsstädte und einiger Fürsten gegründet. Er richtete sich gegen die Territorialpolitik Bayerns und wurde 1534 wieder aufgelöst.
[76] ebd.
[77] S c h n e l b ö g l , P 122–125.
[78] In dieser Darstellung folge ich u. a. Irmgard H ö s s , P 137 ff. und Gerhard P f e i f f e r , P 146 ff.
[79] Karl V., 1500–1558, Kaiser seit 1519, Enkel Maximilians I.

PROGENIES·DIVVM·QVINTVS·SIC·CAROLVS·ILLE
IMPERII·CAESAR·LVMINA·ET·ORA·TVLIT
AET · SVAE · XXXI
ANN · M · D · XXXI

Abb. 6 Kaiser Karl V., Kupferstich von B. Beham, 1531

maßen ansprechbare Naturen wie ehemals um einen Sigismund, sondern um den energischen Karl. Die finanziellen Leistungen waren in dieser Epoche enorm. Während die Stadt um die Reduzierung der durch die Kriege sehr hohen Schuldenlast bemüht war, leistete sie für Kaiser und Reich laufend hohe finanzelle Beihilfe, besonders für die Abwehr der Türken. Nürnberg blieb in weltlichen Dingen kaisertreu. In Glaubenssachen wagte es eigene Wege, ohne zu einem aktiven Schutz mit anderen protestantischen Reichsständen beizutragen[80]. Der Bruch mit der alten Kirche bahnte sich zuerst nicht beim Rat, sondern bei der Bürgerschaft an, allerdings nur allmählich. Noch war der Ablaßhandel nicht verboten, ja für viele Leute mehr als willkommen. Wer arm war und nur wenig Geld in die Ablaßlade legen konnte, wagte nur kleinere Vergehen, ein bißchen Diebstahl, ein bißchen Erbschleicherei. Der Reiche ging an größere Unternehmungen heran, und manch einer räumte unter seinen Widersachern auf. Man konnte sich beruhigen, denn man hatte hinterher einen Ablaßzettel gekauft. Gelegentlich war das aber auch schon vorsorglich vorher geschehen. Zwar schützte das alles nicht vor dem letzten Weltgericht, aber das war noch weit.

Die Mißstände in den Klöstern, die Verhältnisse an der Kurie und endlich auch der Ablaßhandel selbst wurden für die meisten Menschen unerträglich. Der Rat machte den lutherisch gesinnten Leuten vorsichtige Zugeständnisse. Inzwischen verstanden es seine Sendboten, beim Bruder des Kaisers, König Ferdinand[81], Maßnahmen gegen die Stadt zu verhindern. Wer da aber in die Quere kam, war der Bischof von Bamberg. Er duldete keine Halbherzigkeiten und wollte Nürnberg zwingen, Farbe zu bekennen. Welche Farbe gemeint sei, war nicht zweifelhaft. Wenn sich Nürnberg nicht unumwunden für die katholische Sache erklärte, fürchtete der Rat die Exkommunikation und die Reichsacht für die ganze Stadt[82]. Der Bischof liebäugelte eben immer noch mit den Gedanken der geistlichen Herrschaft über alle politischen Mächte, so wie dies die Kirche mehr als dreihundert Jahre vorher unter Papst Gregor VII. erstrebt hatte.

Der Nürnberger Rat, mit Rücksicht auf den größten Teil der Einwohnerschaft, sah sich gezwungen, früher oder später die Reformation einzuführen. Noch zögerte er. Und dabei wußte er sich großartig in Szene zu setzen[83]. Mit der Miene des Empörten machte er gegenüber dem Kaiser seine Abscheu vor

---

[80] Hierzu Heinrich Richard S c h m i d t : Reichsstädte, Reich und Reformation 1520–1530 (Veröff. d. Instituts f. Europ. Geschichte Bd. 122, Abt. Religionsgeschichte) Stuttgart 1986, S. 329.
[81] Ferdinand I., 1503–1564, Kaiser seit 1556.
[82] P f e i f f e r P 151.
[83] Hierzu auch K u s c h , S. 316.

der Meinung geltend, der Papst sei eine Erscheinung des Antichrist[84]. Den Herren in der Ratsstube in Nürnberg fiel aber noch mehr ein: sie machten glaubhaft, daß für sie die Ideen eines Thomas Müntzer[85] ebenso zu verwerfen seien wie die übertriebenen Forderungen der aufständischen Bauern. Sie erklärten sich bereit, jede Form des Wiedertäufertums zu bekämpfen[86]. Zum Schluß kam der Knalleffekt: der Rat betonte, daß er die Aufnahme des geächteten Luther in seine Mauern nicht dulden werde[87].

„Vernünftige Leute", wird der Kaiser gedacht haben, „vernünftig – und liquid". Er wollte ja nicht in jeder Angelegenheit zum Fugger rennen, der ihn für 850 000 Dukaten zur Kaiserkrone verholfen hatte, sondern sich neben ihm auch kleinere Türchen offenhalten.

Als Nürnberg 1525 die Reformation einführte und sie dabei beschwichtigend als eine nur als vorläufig anzusehende kirchliche Ordnung deklarierte, so als könne sie jederzeit widerrufen werden, war der Kaiser gezwungen, eine gute Miene zum fragwürdigen Spiel zu machen. Er brauchte Nürnbergs Mittel für seine Feldzüge. Natürlich erwog der Kaiser, die Reformation in Nürnberg wieder zu unterdrücken. So spielten beide Seiten ein Spiel mit ungewissem Ausgang.

Im Gottesdienst setzten sich viele neue Bräuche erst allmählich durch. Die übliche lateinische Verlesung der Epistel hörten die Leute jetzt in Deutsch[88]; zum Glück betrachteten das die meisten nicht als Fremdsprache.

Im Augsburger Religionsfrieden von 1555 schlug sich Nürnberg, wie zu erwarten, auf die Seite der vermittelnden Reichsstädte. Es brachte der Stadt die Befreiung von der bischöflich bambergischen Jurisdiktion[89].

In dieser gespannten Atmosphäre drohte erneut Gefahr durch die benachbarten Brandenburger. Die protestantischen Markgrafen von Ansbach-Bayreuth gingen sehr bald auf Kollisionskurs zum Kaiser. Sie warfen Nürnberg seine Kaisertreue vor aber auch seine Unentschiedenheit hinsichtlich einer geschlossenen protestantischen Front. Zugleich pochten sie wiederum auf ihre Rechte innerhalb des Nürnberger Landgebiets. Markgraf Albrecht haßte Nürnberg und machte die Stadt zum Gegenstand seines ceterum censeo. Ich weiß nicht, warum auch er einen klassischen Namen trug, nämlich Alcibiades[90], jedenfalls nicht

---

[84] dazu Pfeiffer, P 152.
[85] Thomas Müntzer, Sozialrevolutionär, 1439–1525.
[86] Pfeiffer, P 186.
[87] ebd.
[88] P 151.
[89] P 170.
[90] Albrecht Alcibiades, Markgraf v. Kulmbach-Bayreuth, 1522–1557.

deshalb – wie angeblich sein antiker Namensvetter – weil er den Marmorstatuen der Götter die Nasen abschlug. Er hatte konkretere Ziele und sah sich als Herrn der ganzen Region. Zunächst sollte Nürnberg daran glauben. Albrecht Alcibiades bekam seinen Krieg, den 2. Markgrafenkrieg[91], indem er unerfüllbare Forderungen stellte. Auch diesmal wurde weder Nürnberg noch Ansbach erobert, aber wiederum hatte die Landbevölkerung unsäglich zu leiden. Reicke nennt den Markgrafen einen „wüsten Mordbrenner"[92]. Er geht dabei in seinem Lokalpatriotismus wohl etwas weit. Wer sich aber auf Physiognomie versteht und das Porträt des Markgrafen betrachtet (Abb. 7), hat nicht den Wunsch, mit diesem Herrn Kirschen zu essen. Vielleicht aus Zorn, nicht genügend unterstützt zu werden, legte sich der Markgraf mit mehreren Reichsständen derart an, daß er schließlich der Reichsacht verfiel.

Der Frieden kam 1558 zustande, aber Nürnberg mußte ihn teuer, zu teuer erkaufen. Denn nicht nur dieser Krieg, sondern die unaufhörlichen Ausgaben für den Kaiser und für den Fränkischen Kreis waren durch nichts zu ersetzen. Außerdem litt Nürnberg unter der allgemeinen Entwicklung, dem Erstarken der Landesfürsten auf Kosten kleinerer Territorien wie der der Reichsstädte. Nach Gerhard Pfeiffer[93] endete Nürnbergs großes Jahrhundert, das den Erwerb des neuen Landgebiets und die Loslösung von der bischöflichen Jurisdiktion gebracht hatte, mit dem im 2. Markgrafenkrieg eingetretenen Verlust seiner politischen Entscheidungsfreiheit. So knapp, so sachlich wird das ausgesprochen. Und doch bezeichnet es eine tragische Situation. Alles hatte Nürnberg getan, um in dieser bis zum Zerreißen gespannten Lage der Reformationszeit dem Wunsch der Allgemeinheit für die neue Lehre Raum zu geben, ohne den Kaiser zu brüskieren, sondern im Gegenteil darauf aus, ihn in seinen außenpolitischen Plänen zu unterstützen, immer darauf bedacht, den innerdeutschen Frieden zu erhalten, während andere deutsche Stände den Krieg wo nicht forderten, so doch hingenommen hätten. Der unselige Albrecht Alcibiades war es, der mit seinem Krieg, der ihm nichts einbrachte, das tapfere Nürnberg in seine schwerste Krise gestürzt hat. Man sollte nicht Partei ergreifen. In diesem Fall ist mir das nur begrenzt möglich.

1557 war Nürnberg zeitweise zusammen mit Bamberg und Würzburg Mitglied des Landsberger Bundes geworden, den König Ferdinand I., der Erzbischof von Salzburg, Herzog Albrecht V. von Bayern und die Reichsstadt Augs-

---

[91] Dazu Pfeiffer, P 168.
[92] Reicke S. 900.
[93] P 152.

burg als überkonfessionelles und defensives Bündnis geschlossen hatten. Als sich aber in diesem Bund militärisch-katholische Tendenzen immer mehr durchsetzten, trat Nürnberg 1583 wieder aus. Im übrigen verging das 16. Jahrhundert für Nürnberg unter ständigen Querelen mit dem Markgrafen und einem Bamberger Bischof, der sich mit den neuen Zuständen im Reich nicht abfinden konnte. Beschließen wir dieses außenpolitische Kapitel mit einer Stelle, die wir bei Rudolf Endres[94] finden: Als Kurfürst Gebhard Truchseß von Waldburg den Nürnberger Rat über seine Absicht, zum Protestantismus überzutreten, informierte, beschloß der Rat sofort, „sich deren unwissend zu machen." Der Rat befürchtete, daß der Schritt des Kurfürsten, der die politische Kräfteverteilung grundlegend zugunsten der Protestanten verschoben hätte, die Gefahr eines Religionskrieges heraufbeschwor. Für mich sind diese Sätze ein Beweis verantwortungsbewußten politischen Denkens.

Wenn wir im folgenden Hermann Kellenbenz[95] folgen, so sind die europaweiten Verbindungen des H a n d e l s im 16. Jahrhundert trotz der Rückschläge erstaunlich. Kellenbenz nennt zahlreiche Städte, die von Nürnberger Kaufleuten besucht wurden, in Deutschland ohnehin, etwa die Messen in Frankfurt, aber auch im Ausland, zum Beispiel Venedig, Krakau, Antwerpen, Lyon. Die Reisewege des Großhandels decken sich weitgehend mit denen des 15. Jahrhunderts. Im Fandaco dei Tedeschi an der Rialtobrücke in Venedig hatten die Nürnberger über 50 Kammern besetzt. Die Verbindungen gingen bis Rom und Neapel. Handelspolitische Abwehrmaßnahmen einzelner Städte umgingen die deutschen Kaufleute dadurch, indem sie selbst oder ihre Faktoren in solche Städte einheirateten, was Helmut Frhr. Haller von Hallerstein am Beispiel Ofen anschaulich schildert[96]. Man suchte sich etwas passendes aus, und schon öffneten sich die wohlbehüteten Tore (die Tore der Stadt).

In diesem Zusammenhang ist der Handel nach Norden nicht zu vergessen, nach Skandinavien und nach den baltischen Staaten. Hier war Lübeck der Dreh- und Angelpunkt. Auf die Entdeckung Amerikas reagierte die europäische Wirtschaft etwas zögernd. Erste Kontakte zu Mittel- und Südamerika werden genannt. Von illegaler Einwanderung von Indianern melden die Chroniken nichts, aber immerhin: die iberischen Märkte gewannen an Bedeutung.

Auch für finanzielle Transaktionen war Nürnberg gut. Hier werden die Könige von Frankreich erwähnt, die Habsburger in Spanien, die Kaufleute in

[94] P 268.
[95] K e l l e n b e n z , P 176–184, 186–192.
[96] Helmut F r h r . H a l l e r v o n H a l l e r s t e i n : Deutsche Kaufleute in Ofen z. Z. der Jagellonen. In: MVGN 51 (1962), S. 467–480.

den Niederlanden und die Fürsten im Reich. Es ist erstaunlich, wer da alles die Hand öffnete, sobald der Name Nürnberg fiel. Waffenlieferungen an den Kaiser blieben eins der wichtigsten Geschäfte. Schultheiß[97] betont sechs Haupthandelswege: einen nach Norden bis Lübeck, einen über Frankfurt an der Oder nach Nordost- und Osteuropa, einen über Regensburg zum Balkan, einen über München nach Venedig und Süditalien, einen über Ulm nach Lyon und Spanien und schließlich einen über Frankfurt a. Main nach den Niederlanden, speziell nach Brabant.

Der Erfolg des Nürnberger Außenhandels beruhte zum Teil auf die Erfindungsgabe des Nürnberger Handwerks und der Feinmechanik. So wären zum Beispiel die epochemachenden Entdeckungen der Portugiesen ohne die nautischen und astronomischen Geräte[98] aus Nürnberg nicht möglich gewesen[99].

Auf dem Gebiet der K u n s t waren die ersten Jahrzehnte des 16. Jahrhunderts Nürnbergs glanzvollste Epoche. Hier lebten Maler und Bildhauer von europäischem Ruf. Doch beschäftigen wir uns zunächst mit dem Kunsthandwerk und folgen wir Heinrich Kohlhaussen[100]. Das Nürnberger Kunsthandwerk zog ein in die Paläste des In- und Auslandes. Auf Medaillen gab man die Porträts der Kaiser und deutschen Fürsten wieder. Berühmt waren die Nürnberger Kunstharnische, die für deutsche und ausländische Fürsten hergestellt wurden. Die Verbindung mit Venedig regte die Nürnberger Fayenceproduktion an. Heinz Stafski[101] behandelt den künstlerischen Metallguß und nennt metallene Epitaphien für die Bischöfe von Breslau, Meißen, Merseburg und Posen. Am Sebaldusgrab in St. Sebald zeigen sich erste Einflüsse der italienischen Renaissance. Wilhelm Schwemmer[102] beschreibt Arbeiten Nürnberger Baumeister in Hanau, Ulm, Augsburg und Regensburg und die der Nürnberger Bildhauer für Krakau, Bamberg und Eichstätt. Ein Italiener verstärkte Nürnbergs Festungsgürtel[103]. Die Kultur der Reichsstadt strahlte auf ihr Landgebiet aus, was noch heute in Kirchen und Herrensitzen festzustellen ist. Als Bildhauer glänzten Veit Stoß,

[97] S c h u l t h e i ß.
[98] Johannes Karl Wilhelm W i l l e r s: Schätze der Astronomie. Arabische und deutsche Instrumente aus dem Germanischen Museum. Nürnberg 1983.
[99] Theodor Gustav W e r n e r: Nürnbergs Erzeugung und Ausfuhr wissenschaftlicher Geräte im Zeitalter der Entdeckungen. In: MVGN 53 (1965) S. 148.
[100] Heinrich K o h l h a u s s e n: Nürnberger Goldschmiedekunst des Mittelalters und der Dürerzeit. Berlin 1968.
[101] P 229 ff.
[102] Wilhelm S c h w e m m e r, P 235–241.
[103] K u s c h S. 216.

Adam Krafft und Peter Vischer mit seinen Söhnen[104]. Albrecht Dürer hielt sich lange Zeit in Italien auf, von wo er die Formensprache der Renaissance, ja eine ganz neue Auffassung der Kunst nach Deutschland mitbrachte. Seine Reise in die Niederlande, nach Antwerpen, Brügge und Gent, glich, nach Reicke[105], einem Triumphzug. Auf den Messen von Ingolstadt bis Frankfurt wurden seine Grafiken vertrieben. Friedrich der Weise von Sachsen[106] und Kaiser Maximilian[107] gehörten zu seinen Mäzenen. Beide porträtierte er. Der in Abb. 9 wiedergegebene Kupferstich gehört zu Dürers besten Arbeiten. – Die Maler nach Dürer lieferten Gemälde für Schwabach, Nördlingen, Hersbruck, Schwäbisch Gmünd, Krakau und andere Orte. Kobergers Druckwerke gingen in alle wichtigen Städte Europas, z. B. nach Paris, Lyon, Venedig, Krakau und Lübeck[108]. Auf dem Gebiet der Literatur dürfen die Meistersinger und Hans Sachs nicht unerwähnt bleiben[109]. (Vergesset mir die Meister nicht!).

Wichtig für Nürnberg war die Einführung der „Verneuerten Reformation" von 1564, eine wohldurchdachte städtische Gemeindeverfassung. Das Wort Reformation hat hier mit konfessionellen Dingen nichts zu tun. Nürnbergs Rechtswesen war weithin bekannt. Rudolf Wenisch[110] nennt hunderte von Orten, die in Nürnberg bis ins 17. Jahrhundert hinein Rechtsgutachten einholten.

Aus der Ratskorrespondenz 1510

Wir wenden uns der Ratskorrespondenz von 1510 zu[111]. Zur Statistik hier nur so viel, daß in den behandelten zwölf Monaten der Rat 991 Briefe ausgestellt hat (wovon wir im folgenden nur einen Bruchteil behandeln). 1424 waren es nur 408 Briefe insgesamt. Dabei gingen die meisten Briefe an den Markgrafen von Ansbach-Bayreuth sowie an die Stadt Hersbruck, dicht gefolgt von Lauf. Überhaupt macht sich jetzt mit relativ vielen Briefen das vergrößerte Nürnberger Territorium bemerkbar.

---

[104] Karl Adolf K n a p p e , P 242–250.
[105] R e i c k e S. 773.
[106] Karl O e t t i n g e r , P 250.
[107] ebd.
[108] K u s c h S. 201.
[109] Michael D i e f e n b a c h e r : Die Nürnberger Meistersinger. Hintergründe, Umfeld, Rezeption (Ausstellung des Nürnberger Stadtarchivs) 1987.
[110] Rudolf W e n i s c h : Nürnbergs Bedeutung als Oberhof im Spiegel der Ratsverlässe. In MVGN 51 (1962) S. 443–467.
[111] Der Jahrgang beginnt in Band 65 und endet in Band 66, es fehlt jedoch das erste Vierteljahr. Wir ergänzten es durch das erste Vierteljahr von 1511; denn es kommt uns nicht auf ein bestimmtes Jahr an, sondern lediglich an eine solche Zeitspanne aus dem frühen 16. Jahrhundert.

Abb. 7 Markgraf Albrecht Alcibiades, Stich, 16. Jh.

Gehen wir ins einzelne. Die Briefe des Bandes 66 bezeichnen wir mit einem Sternchen * vor der Blattzahl, z. B. (*27r), siehe hierzu Anm. 111.

(3v) An Ulm. Wilhelm und Albrecht von Wolfstain haben unberechtigte Forderungen gestellt und die Nürnberger „verunglimpft". Auf Wunsch Kaiser Maximilians soll in Augsburg verhandelt werden. Nürnberg hofft auf den Beistand Ulms „als unser besonders gut freund, zu denen wir uns vor anderen aller freundschaft und guts willen vertrosten".

(4r) An Fabian von Aufseß. Über den Nachlaß des verstorbenen Bruders vom Nürnberger Weißgerber Cunz Coler, namens Hains Coler.

> *Aus der Familie dieser Aufseß stammt der Gründer des Germanischen National-museums Hans Freiherr von Aufseß.*

Das Nürnberg des 16. Jahrhunderts war nicht mehr das des 15. Jahrhunderts. „Der Vorsprung, den die fürstliche Selbstherrlichkeit gewonnen, war nicht mehr einzuholen"[112]. Den Markgrafen von Ansbach-Bayreuth gelang es, wichtige ihrer geforderten Rechte auf Nürnberger Territorium nach und nach durchzusetzen. Als zu Herbersdorf ein Totschlag geschah, war das Hochgericht des zu Nürnberg gehörigen Schlosses Lichtenau zuständig. Sofort erhob der Markgraf Einspruch: Herbersdorf gehöre in seine Gerichtsbarkeit. Nürnberg bestreitet dies und reagierte wie folgt:

(5v) An den Pfleger zu Lichtenau. Der Rat trägt ihm auf zu erkunden, „wie lange daselbst zu Lichtenau der galgen[113] gestanden, wieviel und welch jar die leut vom leben zum tod … geschafft sein [und] ob aus Herbersdorf und anderen dörfern die pauren zu solchen rechten geword und komen sein." Der Rat verlasse sich gänzlich auf seinen Pfleger.

> *Da kann man nur hoffen, daß der Pfleger den Wink verstanden und eine hübsche Anzahl von Gehängten geliefert hat.*

(7r) An Bischof Georg von Bamberg. Über die Rechte bezüglich des Klosters Lankheit. Auseinandersetzung zwischen dem Nürnberger Kanzleischreiber Karl Ortel, dem Nürnberger „hindersessen" Hans Pantner und der Vorsterin zu Wellerstadt.

---

[112] R e i c k e S. 931.
[113] Das Wort Galgen ist indogerman. Ursprungs, wobei es – nicht hier – auch für Christi Kreuz gebraucht wird. K l u g e S. 229

(9v) An Bischof Laurentius von Würzburg. Der Brief beginnt mit der Bemerkung „in seiner f. Gn. selbs hand" [für uns wiederum ein Aha-Erlebnis. In der Ich-Form geschrieben ist der Brief mit Conrad Imhoff unterzeichnet]. Über politische Vorgänge und Aktivitäten des Kaisers. Er sei von Konstanz aufgebrochen in der Absicht, nach Rottweil zu rücken. Dabei habe er gegen die Bündischen und andere Reichsstände geäußert, daß er mit 50.000 Mann Hilfsvölker rechne. Der französische „grandmaister"[114] sei von Mailand „mit merklichen volke" abgezogen, um gegen die „päpstliche Heiligkeit" auf Bononia[115] zu ziehen. Hinwiederum habe der Papst[116] den Eidgenossen gestattet, mit dem König von Frankreich[117] gütliche Verhandlung zu pflegen. Der Unterzeichnete werde sich um den Ankauf von Salpeter bemühen.

Wir sehen: auch ein Bischof benutzte die ausgezeichnete Nachrichtenquelle Nürnberg. Da aber eine Hand die andere wäscht, rückt Imhoff zum Schluß mit seinem Anliegen heraus.

(noch 9v) „Daneben will ich Eure f. Gn. untertheniger meinung nit bergen" [hier ist nicht die untertänige Meinung des Bischofs sondern diejenige Imhoffs gemeint], daß sechs Nürnberger Ratsfreunde bei Gunzenhausen verhaftet und ins Gefängnis gebracht wurden. Imhoff bittet den Bischof, näheres in Erfahrung zu bringen und helfend einzugreifen.

Wir werden später näheres über die Liga von Cambrai hören. Auch Maximilian war daran beteiligt, doch aus Geldmangel weit weniger erfolgreich als in anderen Aktionen. Ich weiß nicht, wie oft er über den Brenner nach Oberitalien ziehen wollte, um alte Reichsrechte zurückzugewinnen, weiß nicht, wie weit er auf diesen Spaziergängen gekommen ist. Weder die dauernden Zuschüsse von Seiten der Reichsstädte noch die Kredite Jakob Fuggers reichten für militärisches Eingreifen aus. Um Südfrüchte sah sich Maximilian betrogen, nicht aber um den Titel eines „erwählten römischen Kaisers", den er in Trient erwarb. Ohne Zeremoniell wird das nicht vor sich gegangen sein. Zum Glück befand sich in der Kriegskasse noch etwas Geld für die Festtafel.

(10r) An Degenhart von Pfeffingen, Erbmarschall in Niederbayern. Der Rat schreibt, daß Anton Tucher sich entschuldigt habe, die nach Augsburg gehenden Münzen aus Versehen mit einem schadhaften Prägeisen versehen zu haben. Genannt: Sebald Rauscher und Hans Imhoff.

> *Es war Metall und nicht Papier, sonst wären Blüten entstanden.*

[114] Wahrscheinlich Chaumont, der französ. Statthalter in Mailand.
[115] Bologna.
[116] Julius II.
[117] Ludwig XII. von Orleans, 1462–1515, König von Frankreich.

(10v) An Erasmus Topler, Propst, und Caspar Nützel. Stellungnahme des Rats gegen die Ganerben[118] zum Rothenberg. Involviert: der württembergische Marschall Conrad Thum. Die Angelegenheit werde dem Kaiser vorgelegt.

(11r) An Windsheim, Rothenburg/T. und Dinkelsbühl. Diese Städte werden in der Angelegenheit wie in (9v, S. 32 Mitte) angeschrieben mit der Bitte um Beistand.

(11v) An Wilhelm von Leutenstein, Hauptmann zu Bayreuth. Hans von Saher habe einige Häuser in Bayreuth errichtet; sie betreffen den Nürnberger Hans Randecker. Verhandlung über die Finanzierung.

> *Fürs Häusle-Bauen gab es noch keine Bauspardarlehen.*

(12v) An Paulus Toppler, Pfleger zu Lauf. Der Rat teilt ihm mit, daß der Ratsdiener Jorg Winkler vom Burggrafen vom Rothenberg die Bedingung erfahren habe, unter welcher der Nürnberger Hans Stitzling wieder freigelassen wird.

(16v) An Bischof Laurentius von Würzburg. Er hat offenbar nichts in Erfahrung gebracht (s. 9v) und wird abermals um Hilfe gebeten. Wegen der „kriegsleufte"[119] sei der Salpeter jetzt um 9, 10 bis $10^1/_2$ Gulden verkauft worden.

(17r) An Heinrich Stainlinger, Pfleger, und Hans Reiche, Kastner[120], zu Altdorf[121]. Zur Kontroverse mit Balthasar Gotlinger, Pfleger zu Pfaffenhofen. Diesem sei „nichtzit"[122] mehr zu geben.

(21r) An Christoph Beer. Auseinandersetzung zwischen Steffan Gabler und Jakob Frank wegen dem Hammer zum Schrot[123].

(21v) An Conrad von Hutten. Ihm zu Gefallen hat man in Nürnberg einen Juden aufgenommen, „unbeacht, das wir aus guten ursachen vor lang entschlossen sein, die Jüdischhait bei uns nit mehr zu gedulden."

---

[118] Ganerbe ist der, an den mit anderen die Erbschaft fällt, L 59. Bei der Ganerbschaft wurde gemeinschaftliche Haushaltung vorausgesetzt. L e x e r entwickelt das Wort aus ge-an-erbe.

[119] Leufte = Verlauf.

[120] Der Kastner verwaltete das Getreidemagazin und die Kasse der örtlichen Obrigkeit.

[121] Zum Ortsnamen: = altes Dorf. Tatsächlich wurden dort merowingische Reihengräber gefunden. M 24. Altdorf ist eine der ältesten Siedlungen des Nürnberger Landes.

[122] Nichtzit = nichts.

[123] = Hammerschrott b. Neuhaus/Pegn. Hierzu Ehrenfried H e l l e r : In memoriam Elektrizitätswerk Hammerschrott. In: Mitt. d. Altnürnberger Landschaft, 44/1 (1995).

Schon in Nürnbergs Frühzeit hatten sich Juden in der Stadt angesiedelt. Der grauenhafte Pogrom von 1349 und seine politischen Zusammenhänge sind nachzulesen bei Frhr. v. Stromer[124]. Die Mitschuld des Rats steht im krassen Widerspruch zu seiner Haltung in den von mir skizzierten späteren Zeiten, wo er sich, wie mir scheint, in kritischen Situationen zurückhaltender zeigte.

Später nahm Nürnberg wieder Juden auf. Nachdem man sie finanziell ausgeplündert hatte[125], wurden sie 1499 abermals vertrieben – ein finsteres Kapitel in Nürnbergs Geschichte[126].

(23v) An den Kaiser und an Augsburg. Verhandlung über die Zahlung des 2. Teils der Hilfsgelder für den Kaiser.

Die Fugger waren es, die in Italien gelernt hatten, daß Geld nicht nur dazu dient, Waren zu kaufen, sondern durch Finanzaktionen sich selbst zu vermehren.

(24r) An Jacob von Landau, Landvogt zu Schwaben. Er habe Jorg Schilher, früher Martin Tuchers Diener, nach Nürnberg geschickt. Der Nürnberger Bürger Martin Tutzer sei zur Zeit geschäftehalber „in der Cron Frankreich." Genannt: Caspar Nützel.

Geschäftehalber? Doch wohl nicht im
Moulin Rouge!

(24v) An Caspar Nützel. Der Rat teilt ihm mit, daß Jorge Schilher, der in den „turm" kam, „one alle forcht oder zwang der marter [bekannt habe] … daß ime [Martin] Tuchers tochter, noch herwiderumb er, derselben tochter die ee haben ainich zusagen oder verspruch nie getan". Er schwört Urfehde.[127]

Sie konnten zueinander nicht kommen, die
Pegnitz war viel zu tief.

---

[124] Wolfgang F r h r. v. S t r o m e r: Die Metropole im Aufstand gegen König Karl IV. In: MVGN 65 (1978).

[125] P f e i f f e r, P 79.

[126] Näheres zum Thema: Arnd M ü l l e r: Geschichte der Juden in Nürnberg 1146–1945. Nürnberg 1968. Günter Heinz S e i d l: Die Denkmäler des mittelalterl. jüdischen Friedhofs in Nürnberg. In: MVGN 70 (1983), S. 28–74; Seidl verwertet hier seine Kenntnisse im Hebräischen. Karl K o h n: Die Lage des Judenfriedhofs im Mittelalter, ebd., S. 13–27.

[127] Urfehde = Verzicht auf Rache nach erlittener Feindseligkeit. Zu got. gafaihōn = übervorteilen, K l u g e S. 189. Die Vorsilbe -ur- ist nichts weiter als die betonte Vorsilbe -er- (vgl. Urlaub = Erlaubnis zum Feiern).

(26v) An Caspar Nützel. Über Münzfragen und Fraisch[128]. Berührt auch den Kaiser. Genannt: Peter Leupold, Jörg von Embs, Pfleger zu Osternohe[129], Heinrich vom Guttenstein, Dr. Johann Letscher, Herzog Wilhelm [von Bayern].

(28v) An Leipzig. Die Nürnberger Hans Tucher d. Ä., Ulrich Futterer, Wolfgang Schwartz und Niclas Wickel seien Gläubiger der Leipziger Bernhard und Jobst die Kedwig.

(35v) An Caspar Schmid zu Lauf. Der Rat sichere ihm Geleit[130] zu, wenn er nach Nürnberg kommt.

(38r) An Friedrich, Herzog zu Sachsen, Kurfürst. Der sächsische Münzmeister sei verstorben. Der Rat hoffe, daß sein Sohn und Nachfolger mit derselben Billigkeit gegen die Nürnberger Schuldner verfahre wie sein Vater.

Billigkeit des Finanzamts gehört auch heute zu unseren Hoffnungen.

(40r) An den Kaiser. Bericht über die „irrung" mit Wilhelm und Albrecht vom Wolfstain. Genannt: Christoph Reichhamer, Dompropst von Eichstätt, Johann von Wolfstain, Erasmus Toppler, Propst von St. Sebald, und Leonhard Groland. Die Streitsache solle vom kaiserlichen Kammergericht entschieden werden „dafür wir alls ain gehorsam glid des Hl. Reichs mit der gerichtsparket gehörig sein."

Das Reichskammergericht wurde 1495 von den Reichsständen als oberstes Gericht des Hl. Römischen Reichs gegründet. Es stand unter Leitung eines vom Kaiser ernannten Kammerrichters und war zuständig für Landfriedensbruch und andere schwere Delikte.

(42r) An Caspar Nützel. Nürnberg leihe Nordhausen über dessen Stadtschreiber Johannes Peutler 200 Gulden.

(43r) An Jorg Hutenbeck, Pfleger zu Hersbruck[131]. Eufemia, die Äbtissin von Bergen, habe dem Willibald Pirckheimer gemeldet, daß ihre Anwälte nach Nürnberg kommen.

---

[128] Vreise = (auch:) Gericht über Leben und Tod, L 353.
[129] Ortsname: 1199 „Ostirnahe" = die von Osten fliessende Ache. M 170. Ache = Bach, kleiner Fluß.
[130] Geleit = landesherrlicher Schutz für Reisende.
[131] Hersbruck: sprachgeschichtlich aus Haderichsbrucka. M 104.

Es freut mich, daß hier einer von den berühmten Leuten genannt wird, die Nürnberg um 1510 besaß! Pirckheimer[132], ein Freund Dürers, hatte als Humanist mit der Übersetzung antiker Schriften große Verdienste erworben. Seine Schwester Caritas, Äbtissin des Klarissenklosters in Nürnberg, blieb nach der Reformation ihrem alten Glauben treu, stand als hochgebildete Frau mit mehreren Humanisten im Briefwechsel und verwaltete ihr Amt mit Würde[133].

(45v) An Utz Scheut, Wildmeister zu Schwand. Bei Mosbach sei eine [offenbar unsachgemäß angelegte und] nicht dem Rat gemeldete Wolfsgrube gemacht worden. Das sei verboten, „denn euch ist unverporgen, das ein wolf ein fraißhaim[134] schedlich tier."

> *Zum Glück war damals der Tyrannosaurus*
> *Rex schon lange ausgestorben.*

(51v) An den Kaiser. In Reichenschwand[135], das zum Nürnberger Pflegamt Hersbruck gehöre, solle ein Übeltäter gerichtet werden. Der Rat beteuert, daß Nürnberg die Stadt Hersbruck, „die wir in e.k. Majestät vergangenem Beirischen krieg samt allen zugehörungen … allweg gehabt [mit der] frais[136] und hohen gericht zu Reichelschwank"…

Nun drängt sich der Herr von Seckendorf b. Langenzenn dazwischen, der sich offenbar die Bestrafung von Übeltätern nicht entgehen lassen will. Der Rat bittet den Kaiser dringlich nicht nur um Intervention, sondern apostrophiert ihn in religiösen Kategorien als den,

(noch 51v) „zu dem wir – nach Gott – all unsere zuflucht stellen." Er möge den von Seckendorf in seine Schranken weisen. Genannt: Berthold Ratz.

Die hohe Gerichtsbarkeit, genannt Fraisch (frais), war für Nürnbergs Hoheitsrecht von ausschlaggebender Bedeutung. Die politischen, staatlichen Grenzen waren noch nicht überall klar ausgebildet. Die Landeshoheit sah man vor allem in der hohen Gerichtsbarkeit begründet. Nun gab es aber Orte und Gebiete, in denen Nürnberg zwar diese Fraisch besaß, seine Nachbarn aber, die

---

[132] Hans R u p p r i c h : Willibald Pirckheimer (Fränk. Lebensbilder I) Würzburg 1967.
[133] Joseph P f a n n e r : Caritas Pirckheimer (Fränk. Lebensbilder II) Würzburg 1968.
[134] Freisam = fürchterlich, G 90; vreissam = Verderben bringend, L 253.
[135] Schwand (= Brandrodung) des Richolt, M 186. Hier öfter verballhornt zu Reichelschwank.
[136] Fraisch siehe Anm. 128.

Brandenburger oder Wittelsbacher, in den selben Gebieten die Niedergerichts-barkeit beanspruchten – und umgekehrt, so daß eine klare Abgrenzung der Landeshoheiten nicht erreicht wurde und die Streitereien kein Ende nahmen[137]. Auch der Fraischprozeß von 1526 bis 1538 vor dem Reichskammergericht brachte kein endgültiges Ergebnis[138].

Ich will dem Leser nicht vorenthalten, wenn die Briefe für einige Abwechs-lung sorgen:

(60v) An Friedrich, Markgraf von Brandenburg[139]. Es geht um die Verleihung einer Badstube an die Kinder des † Jorg Praun.

> *Hier ist nicht an Körperpflege der Kindlein gedacht; sondern an eine Einrichtung für Erwachsene, eine Art Badewannen-FKK.*

Unversehens sind wir wieder in beschauliches Fahrwasser geraten. Aber auch das hat seine Untiefen:

(62v) An Passau. Peter Vischer, früher ein Klingenschmied, habe 2 Weiber gehabt. Er wird gefangen gehalten. Vor 18 Jahren habe sich Vischer in Passau ein Weib genommen, zur Kirche geführt und Hochzeit gehalten. Er habe angege-ben, daß er mit der Frau „zwei oder drei" Kinder gehabt habe. Als er hörte, daß die Frau einen anderen Ehemann habe und in Rebensriet wohne, habe er sie „mit gutten willen" in Passau gelassen, auch von Armut getrieben. Als jene Frau gestorben, habe er eines Bäckers Maid zu Passau geehelicht und nach christli-cher Ordnung in die Kirche geführt und Hochzeit gehalten. – Der Rat bezwei-felt Vischers Angaben und bittet Passau um Aufklärung.

> *In solchen Fällen möchte man bedauern, daß es damals noch keine BILD-Zeitung gab.*

(66r) An Markgraf Friedrich von Brandenburg. Der Nürnberger [Rats-]Diener Jorg Winkler habe eine Schrift von Hans Geisling geschickt. Dieser habe Nürn-berger Bürger ohne Recht verhaftet und von ihnen 3700 Gulden verlangt. Damit wolle er die Entleibung seines Bruders rächen und sich auf diese Weise mit

---

[137] K u s c h S. 332.
[138] Hanns Hubert H o f m a n n, P 305, 307 f.
[139] Friedrich IV., 1460–1536, Markgraf von Ansbach u. Kulmbach.

Nürnberg vergleichen. Der Rat bezeichnet ihn als Landfriedensbrecher und „achter[140] des heiligen Reiches".

(67r) An Hans Schlosser, Bergrichter des Goldbergwerks auf dem Reichenstein. Hans Imhoff, Lenhart Hirsvogel und Paulus Gering sowie die Gläubiger Hans Starzedel und Otto Rußwurm sollen auf Begehr des Herzogs Karl zu Münsterberg ihre Anwälte zur Klärung ihrer Ansprüche schicken.

(70v) An den Landhofmeister zu Hessen. Der Rat erklärt, daß der Bestellung des Landhofmeisters an den Plattner[141] Leonhard Lutzenberger zu Nürnberg der Plattnerordnung entgegenstehe.

(73r) An Jorg Perner. Wegen Angelegenheit des Alexius Haller wird ein Termin auf dem Rathaus verabredet.

(77r) An Friedrich, Herzog zu Sachsen, Kurfürsten[142]. Das Geleit, – so der Rat – das von ihm und zugleich vom Bamberger Bischof auf dem Heimweg durch Nürnberg erbeten wurde, wird gewährt, „wiewohl bei uns noch nicht von noten."

Bei uns herrscht Ordnung und Sauberkeit.

(77v) An Nördlingen[143]. Schuldensache des Nürnberger Jeronimus Betz.

(78v) An Jacob Prandtner zu Prant. Recht über eine „wismad."[144]

Aus Nürnberg entlieh man nicht nur Gelder, sondern auch tüchtige Fachkräfte. Das beschränkte sich aber keineswegs nur auf das rauhe Kriegshandwerk, auch zivile Dienste waren gefragt:

(80r) An Rothenburg/T. Die Stadt hatte für ihre Verhandlungen mit den Rosenbergern in Ansbach gebeten, ihr den Nürnberger Rechtsgelehrten Dr. Ulrich Nadler auszuleihen. Es ging um Zollstreitigkeiten mit den Grafen zu Öttingen, eine Kontroverse, die von den Richtern des Schwäbischen Bundes verhandelt

---

[140] Das heißt nicht, daß er das Reich achtete, sondern daß er die Reichsacht verdiene.
[141] Harnischmacher.
[142] Friedrich III. der Weise, 1463–1525.
[143] Zum Ortsnamen: offenbar aus einer alemann. Siedlung entstanden = bei den Leuten (= ingen) des Nordilo. M 160.
[144] Wiese zur Heugewinnung, G 231.

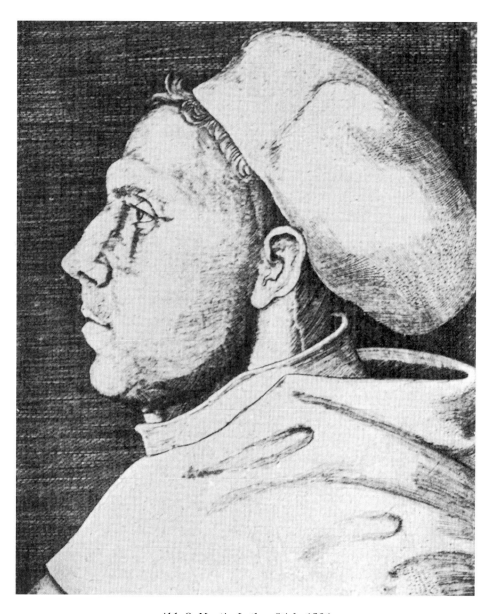

Abb. 8 Martin Luther, Stich, 1521

wurde. Der Rat schreibt, daß er dem Wunsch Rothenburgs gerne willfahren würde, aber jener Dr. Nadler sei schon an Dinkelsbühl ausgeliehen worden.

Immerhin steht jetzt Rothenburg auf der Warteliste.

Nürnberg gewährte den Fürsten gelegentlich namhafte finanzielle Darlehen. An Geld hatte Nürnberg Ende des 16. Jahrhunderts noch Reserven, in einer Zeit also, als es an Macht wesentlich eingebüßt hatte und auf der politischen Bühne nur noch eine untergeordnete Rolle spielte. Wir sind aber erst im Jahr 1510. Die Reichsstadt war nicht nur Leihhaus für Gelder, sondern auch für industrielle Erzeugnisse, ja für Fachleute aller Art. Wir haben hier das schönste Zeugnis für die Erfindungsgabe und für die Fertigkeit des Nürnberger Handwerks.

(81v) An Kaiser Maximilian. Dieser hatte zu seinem Vorgehen gegen Venedig den Nürnberger Büchsenmeister[145] Bernhard Hirspach samt fünf Schlangenschützen[146] nach Innsbruck zu schicken begehrt. Der Rat ist mit der Entsendung der sechs Fachkräfte einverstanden. Er weist darauf hin, daß jeder von ihnen monatlich 4 Gulden zu beanspruchen habe; wenn die Verpflegung nicht gereicht werde, monatlich 8 Gulden.

Dem Kaiser stand ein großes Reich zur Verfügung mit hunderten von Städten – aber er wendete sich nach Nürnberg, weil hier die Gewähr bestand, die besten Fachleute zu erhalten. Die Büchsen- und Schlangenmeister hatten nicht nur für den Transport der Geschütze zu sorgen, nicht nur für eventuell anfallende Reparaturen, sondern auch für wirkungsvolle Aufstellung. Das Richten der Rohre auf feindliche Ziele war dabei eine besondere Kunst.

(82v) An die Kaufleute in Posen, Leipzig und St. Gallen mit Namen Mathes von End, Claus Wolff, Endres Hornung, Jorg Hofmann, Jakob Krum, Hans im Graben, Hans von Watt, Karl Holzschuher, Niklaus Silentzka, Marx Sultz und Hans Nestell. Im Handel mit Polen sollen sie in ihrem „handtieren" den Hans Ulrich von Frankfurt/Oder nicht hindern.

(85v) An die Räte von Niederbayern. Der Rat wolle alles versuchen, um finanzielle Mittel aufzutreiben, wiewohl wegen des vergangenen Krieges große Geldnot herrsche.

---

[145] Büchse = Feuerwaffe, so seit dem 14. Jh., K l u g e S. 107.
[146] Schlange = Kanone.

(88r) An Schweinfurt. Der Rat berichtet, was auf dem Reichstag zu Augsburg verabredet wurde. Für 1 Fußknecht seien 4 Gulden zu entrichten. Er schreibt was die einzelnen Reichsstädte zu zahlen haben: Beilage: über Zahlungsverweigerung einzelner Reichsstände. „Daneben wollen wie euer Liebden gut meinung nit verhalten, das etlich des Hl. Reichs stende nemlich fursten" nicht zahlen. Man bittet „euer Liebden unserthalben auch in gehaimbd zu halten."

Man redt' ja nix, man sagt ja nur.

(91v) An den Propst von St. Sebald, Erasmus Topler. Nürnberg bekomme die Nachricht, wieviel Geld die Stände des Reiches dem Reichstag zu Augsburg bewilligt haben. Auf Nürnberg entfallen 2760 Gulden. Der Nürnberger Ratsherr Jeronimus Imhoff sei bereit, den Betrag gegen Quittung auszuzahlen.

(91v) An Augsburg. Vom Propst von St. Sebald, Erasmus Topler, habe der Rat die Nachricht bekommen, wieviel Geld die Reichsstände auf dem Reichstag zu Augsburg bewilligt haben [wohl für die militärischen Aktionen des Kaisers]. Nürnberg habe sich entschlossen, seinen Teil von 5520 Gulden schon vor der gesetzten Frist zu zahlen, doch dafür nur die Hälfte, also 2760 Gulden.

(92r) An Auerbach. Nürnberg gibt Geleit für Fridel Conz.

(92v) An Paul Toppler, Pfleger zu Lauf[147]. Streit um ein Holz zwischen den Halbbauern in Schönberg.

Die Pflegämter in den größeren Orten des Nürnberger Landgebiets unterstanden dem Landpflegamt in der Stadt. Sie vertraten die nürnbergische Rechts- und Verwaltungshoheit im Landgebiet und waren von Nürnberger Patriziern als Pfleger besetzt. Dabei verfügten sie meistens nur über die niedere Gerichtsbarkeit[148].

(95r) An den Rat von Mies[149]. Nürnberg habe den Hans Wildensus, einen Schmiedknecht, verhaftet. Der Mann stamme aus Mies und habe „in seiner vergicht"[150] gestanden, drei Pferde gestohlen zu haben.

Also einer, mit dem man Pferde stehlen kann.

[147] Zum Ortsnamen: aus louf = Stromschnelle, M 135.
[148] Hanns Hubert H o f m a n n: Die Einrichtung des Nürnberger Landpflegamts. In: Mitt. d. Altnürnberger Landschaft 12 (1963), S. 57–64.
[149] Střibo westl. Pilsen, Tschechien.
[150] Vergicht = Bekenntnis.

(95r) An den Bischof von Eichstätt. Der Burggraf von Rothenberg wolle Satzung und Kirchenrechnung von Engelthal ändern. Der Rat bittet den Bischof, dagegen einzuschreiten.

War der Grundherr zugleich Kirchenpatronatsherr, dann lag die kirchliche Administration in seinen Händen. Er hörte auch die Kirchenrechnungen ab und hatte das Recht, die Pfarrstelle nach eigenem Ermessen zu besetzen

(98r) An Hersbruck. Schuldsache zwischen Heinrich Ayrer in Nürnberg und Hans Einhart in Hersbruck.

(99v) An Steffen Seler, Untervogt zu Schönberg. Über die Errichtung einer Schmiede in Weigenhofen.

(102v) An Adolf, Graf zu Nassau. Über die Einfuhr von Wein nach Nürnberg. Einwände des Grafen.

> *„Will der Herr Graf einen Tanz mit mir wagen …“*

(103v) An Windsheim. Die Ehewirtin des Nürnberger [Rats-]Dieners Caspar Kleindienst habe durch einen „unfursehen[151] zufall ain unrat[152] zugestanden“, als sie ihrem Mann heimbringen wollte, damit er in seiner Schwachheit Hilfe hätte. Windsheim solle einen Arzt besorgen.

> *Vielleicht ist Alkohol im Spiel.*

(104v) An Kaiser Maximilian. Eine Frau habe sich wegen ihres Erbes an den Kaiser gewandt. Der Rat entkräftigt ihre Darstellung.

Der Sohn von Maximilian I., einem Habsburger, war Philipp der Schöne. Dieser heiratete Johanna die Wahnsinnige von Kastilien. Ob sie nach heutiger Auffassung wahnsinnig war, weiß ich nicht. Vielleicht war sie es nur in den Augen ihrer Miterben; ihr Mann ist früh verstorben. Beider Sohn ist Karl V., in den Niederlanden erzogen, aber „deutscher Kaiser“. Bei ihm machten sich zum Glück die Gene seiner männlichen Vorfahren bemerkbar, indem auch er eine leichte Neigung zur „Habsburger Unterlippe“ zeigte. Auf dem Reichstag in Worms 1521, als Luther seine Thesen verteidigte, war Karl erst 21 Jahre alt und hatte, obwohl glaubenstreuer Katholik, nur mäßigen Sinn für das, was da disputiert wurde.

---

[151] absichtslos.
[152] Widerwärtigkeit, Schaden, G 220; im Mhd. auch: schlechter Rat, L 301.

(106v) Ulrich von Hutten. Es geht um den Besitz des Huttenschen Untertans Caspar Schendengast und des [Rats-]Dieners Hans Vilhauer.

Der Reichsritter Ulrich von Hutten, 1488–1523, war Humanist und Schrift-forscher, kämpfte gegen das Papsttum und verfaßte die „Dunkelmännerbriefe".

(108v) An den Bischof von Würzburg. Der Rat bittet den Bischof, daß er die Vereinbarung zwischen Adolf von Bibra und dem Nürnberger Ratsherrn Jorg Holzschuher unterstützt. Der Streit werde vom Propst zu St. Sebald vermittelt.

Die Beziehungen Nürnbergs zu Würzburg waren korrekt, da es nicht, wie der Bischof von Bamberg, kirchlich-administrative Rechte im Nürnberger Gebiet geltend machen konnte.

(108v) An Margarethe, Priorin von Engelthal. Der Rat schreibt, sie möge dem Hans Leupold von Flechdorf einen angemessenen „lidlon"[153] entrichten, „damit der arm nit weiter in uncost gefurt werd."

Offenbar einer, der nicht in der Gewerk-
schaft war.

Es stimmt nachdenklich, daß in Nürnberg 1522, als die Stadt noch reich war, 500 Arme von der städtischen Fürsorge unterstützt wurden; teilweise Unter-stützung erhielten bis zu 5000 Personen. Zur unteren Unterschicht zählten Kranke, Sieche, Obdachlose und Bettler. Wenn wir Rudolf Endres folgen wol-len, war in Nürnberg damals eine proletarische Schicht vorhanden, die gut ein Drittel der Gesamtbevölkerung ausmachte. Die vielen frommen Stiftungen wurden seit der Reformation im „Großen Almosen" zusammengefaßt und obrigkeitlich geregelt. – Andererseits heißt es: die Stadt wurde in der Dürerzeit auf 40.000 Seelen geschätzt.

(110r) An Forchheim[154]. Der Bischof von Bamberg habe den Nürnberger „hut-tern"[155] verboten, in seinen Städten und Flecken ihre Ware feilzubieten. Der Rat erbittet von Forchheim dennoch die Erlaubnis und verspricht Gegenseitigkeit.

(110v) An den Pfleger zu Lichtenau. Dieser will auf die Hochzeit des Christoph Kress zu Rottenburg reiten. Er solle sich alsdann seines Hauses enthalten und so

---

[153] Lidlon = Arbeitslohn, G 151; nach A m e l u n g von luede = Leute.
[154] Ortsnamen nach M a a s offenbar aus Föhrenheim entstanden.
[155] Hutte = Rückenkorb, G 127.

viel wie möglich im Schloß bleiben, „denn wir haben gewisse kuntschaft, das auf dich abermals anschlag werde gemacht, ob du mochtest niedergeworfen werden" [vom Pferd].

Die Beliebtheit dieses Pflegers bei der Bevölkerung hielt sich offenbar in Grenzen.

(113r) An den Kaiser. Zur Unterhaltung der „kriegsübung wider die Venediger" werde Nürnberg auch den anderen Halbteil seines auferlegten Hilfsgeldes entrichten. Der Propst von St. Sebald werde die Auszahlung vornehmen.

Gebet dem Kaiser, was des Kaisers ist!

(118r) An Kurfürst Friedrich von Sachsen[156]. In diesem Brief werden u. a. genannt Peter Leopold, Hoyer Graf zu Mansfeld, Eberhard Senft, Hans Kellner, Degenhart von Pfeffingen, Hans Baumgartner und Bernhard von Hyrspach. Nach Bemerkungen über Münzprägung folgen Nachrichten vom Kriegsschauplatz in Oberitalien. Der König von Frankreich[157] habe das Venedig zugehörige Mignano sowie Monteleze[158] im Sturm erobert, viele Krieger und anderes Volk darin entleibt. Wie Kaufleute schriftlich anzeigen, habe er mit 800 Pferden den Venedigern einen großen Raub abgenommen und viele Bauern erschlagen. Er soll auch mit einer Anzahl Galeeren in Rüstung sein, um die Venediger auf dem Wasser zu bekriegen. „Gott wende es alls zu gluck und wolfart des heiligen Reiches."

Fehlt nur noch der „Endsieg".

Wie in Brief (9v, S. 32) so berühren wir auch hier Vorgänge von welthistorischer Bedeutung. 1508 hatte sich halb Europa zusammengetan, um – als „Liga von Cambrai" – das mächtige Venedig anzugreifen. Ludwig XII. aus dem Hause Valois, von Julius II. ins Land gerufen, nahm Mailand ein und drang siegreich in venezianisches Gebiet vor. Der Papst bereute jedoch bald seine Aufforderung an Frankreich und zog sich aus der Liga zurück. Seine Schweizergarden bewiesen nur gelegentlich, unbesiegbar zu sein. Inzwischen hatten sich weitere Mächte eingemischt, so auch der deutsche Kaiser Maximilian I., der wegen Geldmangel seine Unternehmungen immer wieder abbrechen mußte. Zuletzt bekämpfte man nicht nur Venedig, sondern sich auch gegenseitig, so daß die Serenissima gerettet war und ihren Besitzstand behaupten konnte. Nach acht schrecklichen Jahren ging dieser Krieg zu ende.

---

[156] Friedrich der Weise, 1463–1525, Mäzen von Dürer, Beschützer Luthers.
[157] Ludwig XII., s. Anm. 117.
[158] Monselice, ssw. von Padua.

Und während in der Lombardei Tod und Verwüstung herrschten, blühten in Rom und Florenz die Künste. Mit Bramante, Raffael, Michelangelo und Leonardo erlebte die Renaissance ihren Höhepunkt, und die Kultur Europas feierte friedliche Triumphe. Welch ein Gegensatz!

(119r) An Albrecht von Bibra, Dompropst von Würzburg. Der Rat schreibt u. a., der König von Frankreich habe den Venedigern Monzelese abgewonnen, „darinnen zehen zentelamini[159] erobert, die furter gein Mailand gesant und sterk sich, darneben mit seiner armada die Venediger auf dem mer anzugreifen – wie das geschicht oder verner ergen wirdet, stet zu Gott".

(119r) An Jobst Toppler, Richter zu Velden. Er solle sich zu der anstehenden Hochzeit zu Hertenstein verfügen, damit „du … denjhenen, so derselben hochzeit alls die vordersten verwandt sein, zum freundlichsten und on sonder bedrohung zusprechst mit anzaig, das dise tenz und kurzweil eine neuerung und mit allter des orts nit herkomen … und nit gestatt …"

So streng sind dort die Bräuche!

(125v) An Uriel, Erzbischof von Mainz. Über die Rechte des Miltenberger Bürgers Hans Kessler.

(128r) An Silvester von Schauenburg, Amtmann zu Münnerstadt. Zwist zwischen Lorenz Ostereicher und Jorg Haller.

(136v) An Rothenburg/T. Den armen Kindern vom Bruder des verstorbenen Mannes von Barbara Reitfogl müsse geholfen werden.

(137v) An Gabriel, Bischof von Eichstätt. Margarethe, die Priorin von Engelthal, habe sich gegen die Klage des Sixt von Seckendorf, Burggraf von Rothenberg, verantwortet. Es geht um Kirchenrechnung und Wahl der Kirchenpfleger von Ottensoos. Die herkömmlichen Gepflogenheiten sollten durch den Seckendorfer nicht verändert werden. Er habe mit Gewalt den Kirchenschlüssel von den Nonnen an sich gebracht.

Von den Nonnen? „Das war kein Heldenstück, Oktavio!"

---

[159] Zentelamini. Auf die richtige Spur dieses verballhornten Wortes brachte mich Dr. Johannes W i l l e r s , German. Museum Nürnberg. Bestätigung durch Archivio di Stato, Venedig, vom 29. 7. 99. Es handelt sich um gentiluomini, das waren höhere venezianische Staatsbeamte.

CHRISTO · SACRVM ·

ILLE · DEI · VERBO · MAGNA · PIETATE · FAVEBAT ·
PERPETVA · DIGNVS · POSTERITATE · COLI ·

D · FRIDR · DVCI · SAXON · S · R · IMP ·
ARCHIM · ELECTORI ·
ALBERTVS · DVRER · NVR · FACIEBAT ·
B · M · F · V · V ·
M · D · XXIIII

Abb. 9 Kurfürst Friedrich der Weise von Sachsen, Kupferstich von Albrecht Dürer, 1524

(138r) An Hans von Egloffstain, Schultheiß zu Forchheim. In Sachen des Bäckers Hans Übler wurde Nürnberg „vergnugung"[160] getan.

(139r) An Herrn Bohnstab von Schwannberg. Der Rat wünscht zum Ehestand „und furgenomen froelikait" viel Glück, müsse aber die Einladung leider ablehnen, weil „die leut im Hl. Reich und besonderbar umb uns gestallt, schwind und sorgveltig[161] sein."

> *Sehr richtig. Das Hl. Reich soll sich in das junge Eheglück garnicht erst einmischen.*

(141r) Ohne Adressat und Bestimmungsort. Heftige Stellungnahme des Rats gegen die Feinde der päpstlichen Heiligkeit. Das eingegangene Geld für den von S. Heiligkeit ausgegebenen Ablaß werde in der Kirche des Neuen Spitals zum Hl. Geist aufbewahrt. Bei viermaliger Zählung seien dieses Jahr folgende Beträge eingegangen: 1018 Gulden, 1158 Gulden 1 Ort[162], 118 Gulden $^{1}/_{2}$ Ort und 461 Gulden 1 Ort, „alles an gold und munz."

> *Die Girlanden für den Empfang Tetzels hingen schon überall herum.*

Der Ablaß tilgte die zeitlichen, also irdischen, nicht etwa die ewigen Sündenstrafen. Schon vorher bekannt, diente er dem Zweck, für den Bau des neuen Petersdoms die entsprechenden Mittel bereitzustellen. Julius II.[163], der 1510, also in unserem Jahr, auf dem Stuhl Petri saß, hatte für das Ablaßgeschäft nicht dasselbe Interesse wie sein Nachfolger, Leo X.[164], auch er, wie Julius II., ein die Künste fördernder Mann. Er wollte die Erbauung der neuen Peterskirche verwirklichen. Deshalb war ihm der Ablaßhandel hochwillkommen, ohne daß er sich um dessen Durchführung kümmerte. Das tat in Deutschland Tetzel[165]. In jeder Stadt, in der er einzog, wurde er mit Glockengeläut empfangen. Rat und Bürgerschaft zogen ihm mit Fackeln und Fahnen entgegen. Schließlich war es Luther, der diesen Mißbrauch religiösen Empfindens in den 95 Thesen geißelte, zumal in den Predigten Tetzels der Gedanke von Buße und Reue völlig hinter dem des Gelderlöses zurücktrat.

---

[160] Entschädigung, G 77; vgl. nhd. genug.
[161] Schwind = besorgt, G 203; sorgveltig = voller Sorgen.
[162] Ort ist der vierte Teil eines Guldens. Frdr. Frhr. v. Schrötter: Wörterbuch der Münzkunde. Leipzig 1930, S. 475.
[163] Julius II., Papst, aus dem Hause Rovere, 1443–1513. Mäzen Michelangelos, Raffaels und Bramantes.
[164] Leo X., Papst aus dem Hause Medici, 1475–1521.
[165] Johannes Tetzel, 1465–1519.

(146r) An den Bischof von Eichstätt. Die Äbtissin des Klosters Pillenreuth sei krank und könne ihre Obliegenheiten nicht erfüllen. Eine Visitation, auch hinsichtlich der anderen Insassen, sei angebracht.

Das Volk verlangte, die oft unsittlichen Zustände in den Klöstern zu untersuchen. Pillenreuth selber war dagegen integer.

(146v) Beilage (Zedula) zu einem Brief. Der Kaiser habe im Welschland etliche Flecken der Venediger eingenommen.

(150v) An Herzog Friedrich, Kurfürst von Sachsen[166]. Der Rat erklärt, Nürnberg verkaufe in Friedrichs Auftrag Silber. Genannt: der kaiserliche Hof, Graf Hoyer von Mansfeld, Hans Renner, Degenhart von Pfeffingen, Niclas Volckmann und Endres Wolfsauer.

Am Silber hängt, zum Silber drängt doch alles …

(151v) An den Kaiser. Der Rat schickt ihm 29 Obligationen, die bisher ungelöst geblieben seien. Verzeichnis derjenigen Reichsstände, die beim Rat von Nürnberg Anleihen erlegt und kaiserliche Obligationen empfangen haben: Erzbischof von Magdeburg 2000 Gulden, Deutschorden 500, Dinkelsbühl[167] 1000, Schweinfurt 300, Windsheim 200, Weißenburg am Nordgau 100, Wimpfen 200. Davon habe Nürnberg auf grund kaiserlichem Schreiben dem Paul von Liechtenstein 4000 Gulden zugestellt und den Rest von 300 Gulden dem Propst zu Augsburg überantwortet.

(152r) An St. Gumbrecht zu Ansbach. Zum Bau des St. Gumbrechtsstifts gestatte der Rat, an einer bestimmten Stelle bei Lichtenau Steine zu brechen. Genannt: Caspar Burckel, Chorherr.

(153a r) An Lorenz von Seckendorf zu Nieder-Zenn. Aus dem Schreiben des Rats geht hervor, daß sich der Seckendorfer über eine widerrechtliche Zollforderung beschwert habe. Der Rat weist auf sein Recht hin, aber aus „nachbarlichen willen" werde man nicht darauf bestehen.

---

[166] Friedrich III., Kurfürst zu Sachsen, 1493–1525.
[167] Zum Ortsnamen. M a a s (S. 55) entscheidet sich für „Hügel des Dingolf".

(153r) An Rothenburg. Über das Lehenrecht eines Grundstücks. Genannt: Stephan Haiden.

(154v) An Heinrich Stainlinger, Pfleger, und Hans Reuhel, Kastner, zu Altdorf. Über die Rechte des „armmans" Ulrich Stentzel.

(155v) An Paulus Toppler, Pfleger zu Lauf. Er möge über den Ehemann einer gewissen Kungund Oberhenlein zu Wöhrd[168] Erkundigungen einziehen. „Daran thust du uns gefallen."

Zwar weiß ich viel, doch möcht ich alles wissen.

(157r) An Herzog Georg von Sachsen[169]. Er lieh sich ebenfalls einige Spezialisten für die modernen Feuerwaffen aus. [Allerdings nicht sechs wie der Kaiser, sondern nur drei.]

Sächsische Höflichkeit gegenüber dem Reichsoberhaupt.

(158r) An Bischof Laurenz von Würzburg. Auseinandersetzung wegen einigen Schafen, die die Nürnberger im Bayerischen Krieg entwendet haben sollen. Involviert: Ott Groß.

(158v) Beilage zu einem Brief an Bischof Laurentius von Würzburg. Der Papst habe eine Anzahl Eidgenossen gewonnen, die jetzt im Anzug seien, etwa 4000. Sie wollen vom französischen König Durchzug begehren; wenn dies verweigert werde, mit Gewalt durchbrechen zu der päpstlichen Heiligkeit.

Sieh da, der Papst macht bereits nicht mehr mit!

Im Spätmittelalter wurden die eidgenössischen Kampfverbände als unbesiegbar gefürchtet. Sie stritten nicht für den eigenen Staat, sondern ließen sich von anderen Mächten anwerben, so auch von den Päpsten. Eine letzte Erinnerung daran sind die päpstlichen Garden im Vatikan.

(159v) An den alten Bürgermeister von Nördlingen. Die Nördlinger suchten eine Frau, namens Margarethe Rehin [offenbar wegen Geldschulden]. Nürn-

---

[168] Ortsnamen: zu ahd. warid = Flußinsel. M 238.
[169] Georg, Herzog v. Sachsen, 1471–1539.

berg habe in Erfahrung gebracht, die Frau „sei von person lang, dicks leibs und eine gebogene lange nase habend". Auch von ihrem Vater und ihrer Schwester wußte man einiges, doch nichts von ihrem Aufenthalt.

> *Das mit dem Vater und der Schwester war nicht weiter zu verwerten. Dagegen ergab die lange, dicke Gestalt schon einiges. Und wer dazu noch eine gebogene lange Nase hatte, kam in die engere Wahl.*

(159v) An Zyrian von Werthaim, Hofkanzler. Nürnberg bittet, seinen Abgesandten Caspar Nützel zu fördern. Denn die Nürnberger seien doch „ihrer Kaiserlichen Majestät und des heiligen Reichs gehorsame glieder,"

> *abgesehen von kleinen Ausnahmen, wie 1525.*

(162r) An Sixt von Seckendorf, Burggraf zum Rothenberg. Auf dem Grund und Boden des Markgrafen [von Brandenburg], nämlich in Schönberg, dessen Fraisch aber Nürnberg habe, wurde durch Franz Hoferl ein „armer Mann" Seckendorfs „geschlagen, gerauft und gelembt." Genannt: Ratsdiener Jorg Weiss.

> *Hoferl – ein Meister im Karate!*

(164r) An Friedrich, Kurfürst von Sachsen. Der Rat berichtet über die zu schlagenden Münzen [wohl mit dem Bildnis des Kurfürsten]. Verhandlungen über Material und Stückzahl. [Der Künstler wird nicht genannt].

(164r) An Herzog Georg von Sachsen. Die drei angeforderten Büchsenmeister seien von Nürnberg nach Dresden abgegangen. Der Rat wiederholt die dringende Bitte, diese Leute nicht bei einem eventuellen Zwist gegen die Krone Böhmen einzusetzen, weil Nürnberg im Lehenverhältnis zu Böhmen[170] stehe. Der Rat schließt mit der Versicherung: „so f. Gn. derselben landen und leuten was widerwertigs solte begegnen das were uns alls denen, so euer f. Gn. zu unterthanigkeit gewegen seien, im treuen laide."

---

[170] Böhmisches Lehen, hierzu S. 24.

(164v) Beigelegte Bemerkung (Zedula). Der Eisengräber bitte, durch einen Maler ein Muster des Bildnisses des Fürsten „in stein geschnitten" oder gemalt zu erhalten. Dadurch könne man den Stempel geschickter und reiner machen. Ein „buchsengieser" wird erwähnt. Genannt: der Pfeffinger [der die Verhandlungen zu führen scheint].

Dies Bildnis ist bezaubernd schön …

(165r) An die Äbtissin von Kloster Bergen. Über Auseinandersetzungen mit dem Pfleger von Hersbruck.

(167r) An den Amtmann zu Spies, Mathis vom Egloffstain. Nach Ansicht des Rates habe der Strolin „nit übermessigs oder unbillichs gehandelt." Dessen Knecht wurde vom Amtmann gestellt, als er dem Pferd einen Schaden zufügte.

(168r) An Herzog Karl zu Münsterberg. Die von ihm geschlagenen Gulden haben 18 Karat und 2 Gran[171] weniger als die vom Fürsten zugelassenen. Die Nürnberg Münz- und Goldschauer haben dies festgestellt.

Und der Herzog glaubte, es merkt niemand – da kennt er die Nürnberger schlecht!

(169v) An Sixt von Seckendorf, Burggraf zum Rothenberg. Dem Nürnberger Untertan Hans Strolein sei vom Pferd des Egloffsteiner Bauern Schaden „an etlichen veldungen" zugefügt worden. Daraufhin wollte Strolein das Pferd zu Mathes vom Egloffstein bringen, der es aber nicht angenommen habe.

(170v) An Kaspar Liephart, Richter zu Pleystein. In diesem Brief ist [– wie schon mehrmals –] von der Aktivität eines „haimlichen dieners" des Rats die Rede.

(171r) An den Bischof von Bamberg. Es sei beim Hammer zu Rotenbruck ein Ölkorb ins Wasser gelegt worden. Außerdem habe man von dem Wasser so viel abgelassen, „sodaß das fischwasser zu Velden verloffen und so seicht und klein geworden, das die junge fischbrut verdorben sei." Der Rat bittet um Behebung dieses Übelstandes.

Ein frühes Zeugnis ökologischer Verantwortung, das die CSU in ihren Annalen festhalten sollte.

---

[171] Gran = Korn, kleinstes Gewicht, G 110.

(171v) An den Dompropst von Würzburg. Offenbar will er seinen Garten verschönern. Der Rat borgt ihm bereitwillig einen Gartenknecht.

Also waren auch Nürnbergs Floristen gefragt.

(174r) An Cunz Koel, Vogt zu Au. Die Nürnbergerin Anna, Witwe des Lenhart Cunrat, wolle „sich irer verdungten[172] heyrat behelfen." Das Begehren des Koel solle schleunig, wie sich gebührt, zurückgewiesen werden, denn es sei außerhalb des Rechts.

Der Ehegatte als Behelf – nicht schlecht!

(174v) An Sigmund Kabiz zu Bamberg. Es geht um die Erbgerechtigkeit an einer Mühle. Auseinandersetzung zwischen Ludwig Schnod und Holtzmann.

(178r) An Martin vom Egloffstein, Pfleger zu Höchstädt. Der Nürnberger Bürger Heinrich Kellner sei zu Unrecht bestraft worden. Seine Gewichte seien alle gezeichnet gewesen und einwandfrei. Bei der Prüfung habe man nicht seine eigenen Gewichte genommen. Der Rat bittet, die Strafe zu erlassen.

(178r) An Gabriel von Streitpos zum Greyffenstein. Es habe sich ergeben, daß die Amtsleute des Bamberger Bischofs zu Pretfeld mit Gewalt eingefallen sind und den nürnbergischen Untertanen Schaden zugefügt haben. Von Streitpos möge, „in höchster gehaimbd" erkunden, was dort geschehen sei.

Ich lese Streitpos, nicht Streitroß.

(179v) An Caspar Nützel. Der Rat habe dessen Brief aus Innsbruck mit „nit klain erschrecken" empfangen. [Wahrscheinlich bleibt der Kaiser bei seinen Forderungen an Nürnberg, an den Schwäbischen Bund und an die Städte.]

Für diese Art „kleiner Erschrecken" war der Kaiser immer gut.

(184r) An den Bischof von Bamberg. Dieselbe Klage wie 171r.

(184r) An denselben. Wiederholte Klage über die Verschmutzung von Fischwasser durch Öl.

(184v) An Allweg von Haymenhofen. Der Türmer zu Schloß Veldenstein habe sich mit Diebstahl verschuldet und wurde vom dortigen Pfleger verhaftet. Da die Fraisch Nürnberg gehöre, müsse der Türmer nach Nürnberg ausgeliefert werden. Die Gegenseite könne Entlastungszeugen schicken.

[172] verdingt = rechtlich verpflichtet.

(186r) An Wilhelm von Lentersheim, Hauptmann von Bayreuth. Jeronimus Lester und sein Sohn Erasmus seien nicht weit von Bayreuth „etwas hart verwundet worden." Ihre Verhaftung sei unangebracht, man möge sie nach Nürnberg schicken.

(187r) An Hans Rewhel, Kastner zu Altdorf. Der Rat fordert ihn auf, „in geheim" zu erkunden, wo man im Wald seit alters her den Vogelherd[173] aufgestellt habe.

„Leise, leise, nur kein Geräusch gemacht ..."

(187v) An Hans Rewhel, Landeskomtur zu Ellingen. Peter Otinger aus Nürnberg wurde bei Ellingen beschädigt; er wurde „angeritten" und gen Ellingen gejagt. Dort wurde er gefangen gesetzt. Man möge ihn sofort wieder freigeben,

sonst kommen Reisige aus Nürnberg und werden den Landeskomtur gehörig anreiten.

(188r) An den Pfleger zu Lauf. Der Rat schreibt, Meister Jorg Walz habe den Sohn des Cunz Pullman „etwas hart" geschlagen und mißhandelt, mit der Androhung, „das er ein pfeil durch in schiessen wolt." Der Pfleger soll den Walz zur Rechenschaft ziehen.

Damals wie heute gehört es zur Ausnahme, jemanden mit einem Pfeil etwas hart zu durchbohren.

(188v) An Windsheim. Was an Geld und Leuten dem Kaiser zu liefern sei.

(189v) An Sebald, Abt von Heilsbronn. Er hatte dem Nürnberger Rat gemeldet, daß seinen Hintersassen 2 Pferde geraubt worden seien. Die Täter hatten sich nach Nürnberg begeben. Nürnberg hat 2 herrenlose Pferde gefunden.

(190v) An Ludwig Pfalzgraf bei Rhein. Der Rat teilt mit, daß Hans Neuschel die „trunmeten" nicht fertigstellen konnte, wohl aber die „busain"[174]. Sie werde dem Pfalzgraf zugestellt.

Das Musikleben jener Zeit orientierte sich an deutschen und niederländischen Traditionen mit den aus italienischem Geiste geborenen Neuerungen. Als begabtester und erfolgreichster Komponist trat der Nürnberger Leo Haßler auf (1546–1612). Wie Franz Krautwurst schreibt, besaß Nürnberg schon seit 1500

---

[173] Vogelfangplatz.
[174] buson = Posaune. G 151; lat. bucina, aus *bou-cana (bos Rind, canere singen).

die absolute Vorrangstellung im kontinentalen Trompeten- und Posaunen-bau[175].

(193v) An Paul Toppler, Pfleger zu Lauf. Der Rat bittet den Pfleger, den Claus Wagner anzuhalten, an das Kloster Engelthal seine Schulden zu bezahlen.

(194r) An Arnold Birckenfelder. Es geht um Geldschuld. Involviert: die Einwohner zu Genf, Graf Oswald von Tierstain, Erzherzog Sigmund zu Österreich, Erzbischof Berthold zu Metz und andere.

(195r) An Heinrich Steinlinger, Pfleger zu Altdorf. Es geht um das Recht einer „wismad." Genannt: Balthasar Gottinger.

(196r) An den Bischof Gabriel von Eichstätt. Es geht um die Visitation des Klosters Pillenreuth. Der Rat beteuert, keine Visitation vorgenommen zu haben, was ihm ja auch nicht gebühre. Ihm lag nur die bauliche Ausbesserung am Herzen.
Schon lange wünschte das Volk eine „Ausbesserung" der Klöster, wenn auch keine bauliche.

(197r) An Worms. Bitte um Zollfreiheit.

(199r) An Dr. Mathes Neithart. Es wird eine schwierige Rechtsangelegenheit besprochen. Involviert: Nürnbergs Gesandter Caspar Nützel und Herzog Wilhelm[176] von Bayern. Der Kaiser habe geboten, in dieser Sache „ain zeit lang still zu stehen."
Damit dürfte der Kaiser ganz im Sinne des Nürnberger Rates gesprochen haben!

Die Bereitschaft Nürnbergs, seine Fachkräfte an andere Fürsten auszuleihen, ehrt sein humanes Empfinden:

(200v) An Wolfgang, Herzog von Bayern[177]. Der Rat hörte von den Leiden des Herzogs und schickt ihm deshalb den „arzt Caspar, der wider solche krankheit berumbt sei". Er drückt sein Mitleid aus, vertraut auf Gottes Hilfe und hofft, jener Caspar werde „mit seinet artzney … und seines moglichen verstands ratlich und helflich … erscheinen."
Keine Mogelpackung, auch wenn jener Caspar kein approbierter Mediziner, sondern sicherlich nur ein geschickter Bader war.

---

[175] Franz K r a u t w u r s t : Musik der 2. Hälfte des 16. und des 17. Jahrhunderts, P 287–291.
[176] Wilhelm IV., Herzog in Bayern, 1493–1550.
[177] Wolfgang, Herzog in Bayern, 1451–1514.

Abb. 10 Schlüsselfelder Schiff, Tafelaufsatz, vor 1503

(201r) An Jorg Hutenbeck, Pfleger zu Hersbruck. Der Rat teilt mit, daß der Bischof von Bamberg und Friedrich Markgraf von Brandenburg eine Münzordnung über Silber erlassen haben. Diese Ordnung sei einzuhalten. – Dasselbe Schreiben geht an den Kastner zu Altdorf, an Paulus Toppler zu Lauf, an den Pfleger zu Reicheneck, an den Pfleger zu Stierberg, an den Pfleger zu Hiltpoltstein, an den Pfleger zu Lichtenau, an den Pfleger zu Hainburg, an den Pfleger zu Velden, an den Pfleger zu Hohenstein und an den Vogt zu Hauseck.

Ein Dokument über die das ganze Nürnberger Territorium erfassende Administration des Rates.

(202r) An Landshut. Der Rat verkündet „eine erparmbliche geschicht": Einer hat eine Frau in einen Brunnen geworfen, worin sie ertrank. Die „inzicht"[178] geht auf Hans Weymirtenmacher (?); er wird in Nürnberg vermutet. Bei den vielen Handwerkern der Stadt sei es aber schwierig, ihn ausfindig zu machen, falls er überhaupt noch in der Stadt sei. *Der Täter war unbewaffnet, also mußte er den Brunnen benutzen.*

Die Nürnberger Strafrechtspflege war hart, ohne besonders grausam zu sein. Der Scharfrichter hatte seine Behausung am „Henkersteg". Die beiden älteren Stadttürme mit dem „Weiber"- und „Männereisen" nahmen leichtere Fälle und zahlungsunfähige Schuldner auf, während peinlicher Verbrechen Verdächtige im „Lochgefängnis" unter dem gotischen Rathaus auf ihre Aburteilung warteten. Der Galgen stand auf dem Platz des heutigen Hauptbahnhofs[179].

(202v) An Heinrich Steinlinger, Pfleger zu Altdorf. Ein Mann in Netzstall habe „durch anweisung seiner mutter" ein Weibsbild erschlagen. Die Getötete war der „anhang seines vaters." Da dies im Nürnberger Wald geschehen sei, gehört der Fall nach Nürnberg, das dort die Fraisch besitzt. Es folgen längere rechtliche Auseinandersetzungen.

Wenn ein Familienforscher auf einen solchen Killer als Urahnen stößt, ist es auch nicht gerade die reine Freude!

---

[178] Inziht = Beschuldigung, L 114, vgl. nhd. bezichtigen.
[179] Werner S c h u l t h e i ß : Nürnberger Rechtsleben, P 173. Zum Aufbau des Nürnberger Lochgefängnisses Walter H a a s : Das Lochgefängnis unter dem alten Rathaus als Rest des Heilsbronner Brothauses in Nürnberg. In: MVGN 75 (1988), S. 1–30.

(204r) An die Räte des Markgrafen [Friedrich]. Der Rat berichtet über Münzangelegenheiten und über die Auslegung des Wortes „troysch" (siehe Anm. 181).

(204r) Ohne Empfänger und Bestimmungsort. Erklärung, wie Irrtümer „aus ungleichem verstand des wortes troysch entsteen mochten."

(204r, sic!) An Dr. Johannes Zingel. Der Rat berichtet, daß Bamberg und Brandenburg die Änderung des „troyschen" gewichtshalber bewilligt haben. Ansbach hält den troysch für mangelhaft; er sei „an der Mark 4 quinten[180] geringer".

Troisch war eine Gewichtseinheit für Geld, benannt nach der Stadt Troyes[181] in der Champagne, heute eine Kleinstadt, im Frühmittelalter ein bedeutendes Zentrum.

(206r) An Aachen. (Ach)[182]. Über die gegenseitigen Zollfreiheiten.

(207v) An Herzog Friedrich zu Sachsen, Kurfürst. Der Rat bestätigt seine Bestellung von Harnischen[183]. Beteiligt: Degenhart Pfeffinger[183a], Max Onspach, Leonhart Praun, Hans Leynbach und Paul Müller.

Die kriegerische Rüstung bestand aus verschiedenen, den Körperformen angepaßten Eisenplatten, die miteinander verbunden waren (Harnisch, Helm, Arm- und Brustschienen). Die Vollrüstung hatte ein Gewicht von 25 bis 35kg und konnte nur von Reitern getragen werden; selbst das Pferd wurde durch Eisenplatten geschützt. Die Turniere wurden „Rennen" genannt. Das Fußvolk trug die Halbrüstung, Arm- und Beinschienen fielen weg. Nürnbergs Rüstungsproduktion genoß den besten Ruf. Die Feuerwaffen verminderten den Schutz der Rüstung bis zu deren völliger Aufgabe. In der Renaissancezeit wurde die Rüstung künstlerisch geschmückt und war schließlich nur noch Statussymbol. Sie wird heute durch den Mercedes ersetzt.

---

[180] Quintet = ein Viertellot, G 172.
[181] H. W i t t h ö f t : Die Münzgewichte von Köln und von Troyes im Spiegel der Regional- und Reichsgeschichte vom 11. bis zum 19. Jahrh. In: Histor. Zeitschr. 253 (1991), S. 51–100. Diesen Hinweis verdanke ich Dr. Hermann M a u é , Germanisches Museum Nürnberg.
[182] Ortsname bis in die frühe Neuzeit oft in der Form „Ach", bekanntlich aus dem lateinischen Aquae Granni, einem römischen Militärbad.
[183] Von altfranz. harnais = kriegerische Ausrüstung.
[183a] Pfeffinger, niederbayer. Erbmarschall, bezahlte für Luther die Dr.-Arbeit.

(*39r) An Jorg Egloffstein, Hofmeister. Der Rat kümmere sich um die Anfertigung eines „rennzeugs"[184] für Herzog Wilhelm[185]. Genannt: Degenhart von
Pfeffingen.

> *Das ist so einer, der garnicht „rennen" will,
> sondern nur angeben.*

(208r) An Adolf Graf zu Nassau. Es geht um die Geldschulden des Hans
Imland d. Ä.

(209r) An Bischof Georg von Bamberg. Auseinandersetzung um die Rechtferti-
gung des Münzmeisters und Goldschmieds Hans Schmutermann.

(209v) An Craft von Lentersheim. Die Brigitta Taschinger wurde, „ires sundli-
chen wesens halb, das sie mit eemenern und sunst on alle scham, über vor empfangen straf und mermals gutlich untersagen, unser stat ein jar lang verpotten."
Aber durch die Fürsprache des Craft soll ihr der Eingang in die Stadt wieder
erlaubt sein.

> *Das Verhältnis des Craft zu jener Brigitta
> wäre hier noch näher zu untersuchen.*

(212r) An Melchior Schenk zu Geyern. Gemäß Anklage von Hans Harscher
und Sebald Marsch habe ein Mann namens Hans Flintsch freventlichen „ableib"
begangen und „spitzig uneerliche schriften" verbreitet. Er sei ein freventlicher
Totschläger.

> *Flintsch muß sich auf seinen eigenen
> „ableib" gefaßt machen.*

Zwischen 1577 und 1617 mußte der Nürnberger Scharfrichter Frantz
Schmidt 171 Leute erhängen, 178 enthaupten und 30 rädern. Dazu kamen noch
350 andere grausame Leibesstrafen. Seiner Fürsprache war es zu verdanken, daß
Frauen nicht mehr ertränkt, sondern enthauptet wurden. Schmidt, obwohl
„unehrlich", genoß unter seinen Mitbürgern ein gewisses Ansehen und wirkte
als „Heilpraktiker"[186].

(212r) An den Kaiser. Über die Verhandlungen des Stefan, Alexius und Conz die
Haller vor dem Kammergericht.

---

[184] Turnierrüstung.
[185] Siehe Anm. 176.
[186] Albrecht K e l l e r (Hg.): Maister Franntzn Schmidts Nachrichters inn Nürnberg all sein Richten. Einleitung v. Wolfgang L e i s e r. Neustadt/Aisch, Neudruck 1979.

(213r) An Friedrich Markgraf von Brandenburg. Der Rat teilt mit, daß sich an Hermann Schnabel in Nürnbergs Dorf Wendelstein „ain ableib", also ein Mord, begeben habe. Der Täter habe in Wendelstein[187] seine Wohnung. Demnach liege die Fraisch bei Nürnberg. Genannt: Niclaus Schmid, Hans Samtmann.

Wieviel wichtiger als das menschliche Schicksal ist die Staatsraison!

(213v) An Wolf Knott von Weyda. Sein Bruder Hainz habe sich bei Begleitung einiger Nürnberger Ratsherrn „auf solchen rit gegen seinen zugegeben hauptman etwas ungehorsam erzeigt, auch sunst im veld und herberg unbeschaiden und unzuchtig gehalten." Man hat ihm durch 4 Tage auf dem Turm eine geringe Strafe auferlegen müssen.

Ein Fall für die Psychiatrie; es gibt noch Hoffnung.

(217v) An Wilhelm von Lentersheim, Hauptmann zu Bayreuth[188]. Heinz Weiß soll an die armen Kinder des † Sebald Schopper in Nürnberg seine Schulden bezahlen.

(218v) An Bischof Georg von Bamberg. Der Rat erinnert, daß Johann Bart an den Nürnberger Hans Heus seine Schulden bezahlen soll.

(219v) An Caspar Nützel. Der Rat habe erfahren, daß der Kaiser beabsichtige, der Pfalz ihre Regalien zu leihen, und daß Württemberg damit einverstanden sei und sich mit der Pfalz vertrage. Nützel soll in Erfahrung bringen, ob dies den Tatsachen entspreche. Involviert: Anton Tucher.

(220v) An Jorg von Hetzelsdorff. Er solle die „farnus"[189] von Ott Rugenstain und Paul Paurschmid zurückerstatten lassen.

(221r) An den Rat zu Magdeburg. Die Nürnberger Kaufleute haben in Magdeburg Fische gekauft, die „etliche mangel und gebrechlichkait" haben, die den Menschen „zu beswerd und nachtail raicht."

Eßt Obst und ihr bleibt gesund!

---

[187] Ortsname nicht von den Wenden, sondern wohl Stein (Burg) eines Mannes vandalischer Herkunft. M 233. Das Buch von Herbert M a a s (siehe hier S. 124) bringt immer wieder interessante Einzelheiten über die Ortsnamen Nordbayerns.

[188] Rodung der Bayern; sie fielen in der fränkischen Umgebung auf.

[189] Bewegliche Güter.

(222v) An die Äbtissin von Bergen. Sie hatte geschrieben, daß der Propst Jorg Hutenbeck „nit mehr fugsam[190] sei."Er habe unrechtmäßige Ansinnen gestellt.

Ansinnen materieller Art, wie ich vermute.

(223v) An Betzenstein. Christoph und Ott die Grossen, Gebrüder, haben Zwist mit Betzenstein. Der Rat verweist auf die Entscheidung des Bischofs von Würzburg.

(224r) An Martin Löffelholz, Pfleger zu Lichtenau. Er solle den Pfarrer von Sachsen[191] nach Nürnberg schicken, wo über die Pfründe[192] verhandelt werde.

(224v) An Caspar Schmid. Über seinen Zwist mit Martin Keck in Lauf.

(224v) An Kemnat[193]. Betrifft die Abzahlung der Schuld von 88 Gulden des Kemnater Bürgers Wolfgang Tolhopf an Friedrich Hauer in Nürnberg.

Ein Gulden war 252 Pfennig wert. Das widersprach der Reichsmünzordnung von 1569, in der der Gulden 240 Pfennig entsprach. Ein Handwerker verdiente um 1600 etwa 20 bis 30 Pfennig pro Tag. Es gab auch Kinderarbeit aber nur insofern, als ein Junge seinem Vater bei der Arbeit half. Da konnte er täglich bis 8 Pfennig verdienen. Die kleinste Münze war der Heller; zwei Heller ergaben einen Pfennig. Der Name geht auf die Stadt Schw. Hall zurück, wo der „Haller" = Heller zuerst geprägt wurde[194].

(225r) An Friedrich Tetzel und Lenhart Groland. Der Rat berichtet, daß der Pfleger von Lichtenau, Martin Löffelholz, ein Schreiben des Landgerichts vorliegen hat, das Nürnberg nicht billigt. Genannt: Jorg Winkler, Hans Schmid.

(226r) An Sigmund Gross, Pfleger zu Reicheneck. Die Nürnberger Sebald Ketzel und Anthon Harsdorfer beklagen, daß in ihrem Holz zu Thalheim der Gross einen Vogelherd gemacht, dort Hasen und Hühner gefangen habe, aus

---

[190] fug = Schicklichkeit, G 91; mhd. vuoge = das gut Zusammengefügte.
[191] Ursprünglich „bei den Sachsen". Hier wurden von Karl d. Großen zwangsweise Sachsen angesiedelt. Interessanter Beitrag bei M a a s S. 193. Dorf bei Ansbach.
[192] Pfründe = Einkünfte aus einem geistlichen Amt, aus lat. provenda, L 188.
[193] Zum Ortsnamen: beheizbarer Raum, beheizbare Häuser, M 120; aus lat. caminatus = heizbar; vgl. nhd. Kemenate, Kamin.
[194] Hierzu auch v. S c h r ö t t e r : Wörterbuch der Münzkunde. Berlin/Leipzig 1939, S. 600.

besonderer „vergunst und kamergerechtigkeit,“ wobei aber ausgesprochen, daß er die Tiere nicht verkaufen, sondern „nur für seinen tisch“ benutzen dürfe. Nun habe sich aber die Priorin von Engelthal beschwert, der Ketzel habe darwider gehandelt. Genannt: Hans Harsdörffer (s. auch 231r).

> *Erstens müßte der Appetit des Herrn Gross überprüft werden; zweitens erscheint seltsam, daß damals Hasen zu den Vögeln gerechnet wurden.*

(226v) An Margarethe, Priorin von Engelthal. Sie hatte sich beschwert, daß widerrechtlich ihre Hühner gestohlen werden. Involviert: Sigmund Gross, Hans Lederer, Ulrich Tetzel.

(227r) An Herzog Wilhelm in Ober- und Niederbayern[195]. Er möge entschuldigen, daß Jorg Stumpf die bestellte „trumetten“[196], für die er schon 10 Gulden erhalten hat, wegen „schwachheit seins leibs – wie uns bewußt – beladen“, bisher nicht fertigstellen konnte. Das werde er aber bis Weihnacht tun.

> *Wie schön! Da können seine fürstliche Gnaden der Herzog „oh du fröhliche“ blasen.*

(227v) An Conz von Wangen. Der Rat lehnt sein Gesuch ab, bei ihm als Diener oder Pfleger eingestellt zu werden, da genug Personal vorhanden sei. In der „kriegstube“ könne er sein Pferd für 12 Gulden in Zahlung geben.

> *Zum Glück riet man ihm nicht, es noch einmal als Raubritter zu versuchen. Die Konjunktur war vorbei.*

(228r) An Caspar Nützel. Die nach der Frankfurter Messe nach Leipzig reisenden Kaufleute seien ausgeraubt worden. Die Beute: 50 Ellen Lundisch Tuch, 4 Ellen Samt, 2 Lot Perlen, 1 Sack Pfeffer. Unter den Tätern: Jorg Trumer[197].

(229r) An Marquard von Stein, Dompropst von Bamberg. Der Rat beschwert sich über „ettlich neuerung“, die Conz Wunderschmid zu Fürth vorgenommen durch Veränderung des „mulberk“ zu Nachteil und Verhinderung der Nürnberger Bürger. Der Rat will Fachleute schicken, die die Sache untersuchen.

> *Ein Müllberg wird kaum gemeint sein; so fortschrittlich war man damals noch nicht.*

---

[195] Wilhelm IV., Herzog in Ober- und Niederbayern, 1493–1550.
[196] Trometer = Trompeter, G 56; trumbe = Posaune, L 274, aus dem Ital. trombetta, K l u g e S. 729.
[197] Dieser Jorg Trumer war der Schwiegersohn von Veit Stoß.

Bei Verhandlungen mit dem Kaiser und mit den Fürsten scheint niemand geeigneter gewesen zu sein als Nützel.

(230r) An Caspar Nützel. Der Rat habe sein Schreiben durch den Boten Peter Leopold erhalten. Nützel möge weiterhin mit Hainrich von Guttenstain und dem württembergischen Haushofmeister von Yppenberg verhandeln.

(231r) An Margarethe, Priorin von Engelthal. Hans Lederer sei im Namen [Sigmund] Ketzels nach Hühnern gegangen und habe ohne Erlaubnis zum hohen Wildpret Weidwerk getrieben und zwar nach Hirschen, Schweinen[198], Dachsen und Vögeln. Er soll nach Nürnberg zum Verhör kommen (s. hierzu 226r).

(231v) An den (Rats-)Diener Jeronimus Hofmann. Zum Vorgehen gegen Frowein von Hutten.

(232r) An Erasmus Zollner von Rotenstain, Bürgermeister von Bamberg. Auseinandersetzung über das Handwerk des Kessler. Genannt: Christoph und Balthasar die Kessler, Bartholomeus Kessler, Lorenz Sensenschmid.

Wir sind in einer Zeit, in der sich die Familiennamen noch nicht ganz durchgesetzt hatten. Ohne Zweifel wurde hier die Berufsbezeichnung „Kessler" zum Familiennamen.

(233r) An Jorg Huttenbeck, Pfleger zu Hersbruck. Er soll den Totschlag des Lorenz Ziegler an Lenhart Nesner untersuchen.

(233r) An Bischof Gabriel von Eichstätt. Der Kaiser habe den Büchsenmeister Clas Widman angefordert; dieser sei aber an der „malafrancosa"[199] erkrankt.

> *Diese Krankheit wurde nicht vom Sextourismus eingeschleppt, sondern von herumziehenden Soldaten.*

(235r) An Friedrich, Markgraf von Brandenburg. Er habe sich die Fraisch zu Feucht und Wendelstein angemaßt.

(235v) An Worms. Verhandlungen über Zollfreiheit.

---

[198] Wildschweine.
[199] Malafranzosa = Syphilis, G 155.

(236r) An Albrecht und Karl, Herzöge zu Munsterberg in Schlesien, Grafen zu Glatz. Erklärung zur Anklage gegen Hans Startzedel und Ott Rußwurm.

(*1v) An Margareta, Erzducisse Austriae et comtessa Burgundae[200], lat. Der Rat beschwert sich über die Beraubung eines Nürnberger Bürgers. Rechtliche Auseinandersetzungen.

(*2r) An Jorg Huttenbeck, Pfleger zu Hersbruck. Der Totschlag des Vogtknechts an einem Nürnberger Bürger soll gerichtlich verfolgt werden.

(*6r) An Erasmus Topler, Propst zu St. Sebald. Man präsentiert für die Kapelle zum Hl. Kreuz Hans Breunlein.

(*7r) An Paulus Toppler, Pfleger zu Lauf. Über ein Schreiben des Utz Scheidt, Wildmeister des Markgrafen Friedrich. Um „spen"[201] zu vermeiden, sollte man darauf eingehen. Genannt: die Betzen.

(*7r) An Hiltpoltstein. Ein Hiltpoltsteiner habe den Nürnberger Bürger Hans Rewss und seine Leute „an iren eren verlupft[202] und mit schmahe[203] angetast".

Auch unsereiner wäre ungehalten, wenn sich einer an uns verlupft.

(*10r) An Albrecht von Bibra, Dompropst zu Würzburg. Es geht um die Pfründe auf dem St. Niclasaltar zu St. Sebald. Genannt: Cunrat von Bibra und Leonhard von Egloffstein.

(*12r) An Friedrich, Markgraf von Brandenburg. Der Rat schickt ihm den Vertrag über die Münzordnung mit der Bitte um Besiegelung, die bereits durch Pfalzgraf Ludwig, Kurfürst, und durch den Bischof von Bamberg erfolgt sei. Eine Beilage ist unterschrieben von Conrat Eber, Münzmeister, Endres Kaschauer, Probierer, Hans Crafft,[204] Aufzieher, und Hans Kneissel, Wechsler.

---

[200] Das Sternchen * vor der Blattzahl bedeutet Bd. 66. – Margaretha, Erzherzogin v. Österreich u. Gräfin v. Burgund, 1480–1530, Tochter v. Kaiser Maximilian I. und Maria v. Burgund.

[201] span = Zwist, G 203, so auch mhd.

[202] lupfen = heben, so heute noch im Schwäbischen. Mitt. v. Jürgen B e r n d t , Nürnberg.

[203] Schmach, Lästerung; smâhen = verächtlich machen, L 234; ahd smâhî = Kleinheit, Verächtlichkeit, S c h a d e S. 547.

[204] Eber, Kaschauer und Crafft waren Goldschmiede. Mitt. v. Dr. Ursula T i m a n n , German. Museum Nürnberg.

(*13v) An Dr. Mathes Neithart, Hauptmann zu Ulm. Caspar Nützel habe geschrieben, daß er etwa 16 „geraisige" gesehen habe, als er auf dem Heimweg geritten durch Öttingen an einen kleinen Weg bis an das Holz bei Ahausen kam. Sie wollten ihn „werfen". Sein Pferd sei müde gewesen, er selbst hatte wenige Reiter bei sich. „Aber aus schickung des Allmechtigen" kamen Nürnberger Reisige und schlugen die „placker" in die Flucht.

Der 1510 oft genannte Caspar Nützel[205] hatte das Vertrauen des Rats, der ihm oft schwierige politische Aufträge anvertraute. Die Placker hatten es auf Kaufleute, aber auch auf vornehme Reisende abgesehen. Hier winkten Geld und Schmuck.

(*15r) An Caspar Schmid, Bürger zu Lauf. Der Rat verspricht ihm Geleit.

(*15r) Bekanntmachung des Nürnberger Rates. Hans Hubmeir habe sich gegen Michael Tetzel eine unbegründete Forderung angemaßt, bei Gräfenberg eine „abclag" angeschlagen und an einem Stadel Feuer gelegt. Dadurch sei er in Acht[206] gefallen.

(*16v) An Bischof Lorenz von Würzburg. Der Salpeter werde eifrig gekauft, weil „die kriegsleuft sich aller ende emporn, darumb sich jeder gern mit dem, so zum ernst gehort, schickt." Ob der Bischof den Kauf bewillige.

Also eine Art Hamsterkäufe.

(*17v) An Hersfeld. Der von Hersfeld beklagte Nürnberger Bürger Hans Bohnacker habe glaubhaft gemacht, daß sein Gegner Sebastian Stumpf „uber solche vergangen handlung kainen glimpf[207] oder fug hat, sich dergestalt mit der unwarheit zu beclagen".

Da bin auch ich ganz meiner Meinung.

(*20r) An Eustach von Thüngen. Der Rat berichtet, daß die Nürnberger Bürger Hans Grun und Hans Wattenbach um ihre Güter gebracht wurden und Ersatz fordern. Genannt: Conz Oberndorfer, Ratsdiener.

---

[205] Siehe hierzu Matthias M e n d e : Dürers Bildnis des Kaspar Nützel. In: MVGN 69 (1982), S. 130–141 (mit Abb.).
[206] Wohl zu aht-jan = verfolgen, K l u g e S. 560.
[207] Glimpf = (auch:) angemessenes Betragen, G 109.

(*21v) An Jorg von Egenhoven, Amtmann zu Wiesensteig. Er hatte den Rat gebeten, bei ihm einen Dienst annehmen zu dürfen. Der Rat bedauert, diese Bitte ablehnen zu müssen, will sie aber „in gedechtnus behalten".

Dasselbe hören die Arbeitslosen auf den Arbeitsämtern jeden Tag.

Nürnbergs Bereitschaft, Fachkräfte auszuleihen, nimmt gelegentlich groteske Formen an:

(*23r) An Philipp, Markgraf von Baden. Der Rat schickt ihm „zur erledigung freulicher gepurt" für seine Gattin Elisabeth, Pfalzgräfin bei Rhein, die Nürnberger Hebamme Halbeckin, um die der Markgraf gebeten habe. Nürnberg sende die Frau zu ihm, „unangesehen ires alters und daraus volgenden schwachait."

Die Frau mußte also eine Reise von hunderten von Kilometern auf sich nehmen, und nur ihre Gebrechlichkeit verhinderte es, daß Nürnberg für den Nachwuchs sämtlicher Fürstenhäuser sorgte.

(*23v) An Marx von Berlichingen[208]. Der Rat will gegen einen Nürnberger „peinlich"[209] vorgehen, da er einen von des Berlichingers Leuten getötet haben soll, will aber erst Maßnahmen der Gegenseite abwarten.

(*24v) An den Landrichter zu Bamberg. Der Rat gibt über den Angriff eines Nürnberger Bürgers auf einen von Marx von Berlichingens Leuten ausführlichen Bericht (zu *23v).

(*25r) An Sebolt Pomer. Dessen Neffe Niclas Haller habe dem Rat geschrieben, daß er über den Bömer zu St. Sebald noch nichts erfahren könne.

(*26r) An Christoph von Lenkersheim zu Thuendorf. Der Nürnberger Untertan, Baltasar Buchheim sei wegen unrechtlichen Schulden verhaftet worden. Er sei freizulassen.

(*27r) An Augsburg. Es geht um das kaiserliche Geleit Nürnberger Kaufleute nach Venedig. Unterhändler: Herr von der Leiter.

---

[208] Zu diesem Geschlecht gehörte der bekannte Götz v. Berlichingen, der öfter gegen Nürnberg kämpfte, auch in den Reihen des Ansbacher Markgrafen.
[209] Peinlich, d. h. mit Folter.

Die Ratsherrschaft wurde von der gesellschaftlichen Oberschicht der „Geschlechter", nämlich des Patriziats, ausgeübt, deren Wurzeln z. T. in die Dienstmannschaft des mittelalterlichen Reichs zurückführen. Das Patriziat schloß sich seit 1521 von den anderen Bevölkerungsgruppen ab. Oft durch den Großhandel reich geworden empfand der Patrizier allmählich die wirtschaftliche Tätigkeit als nicht mehr standesgemäß. – Wohlhabende Kaufleute und Handwerksmeister sowie die Gelehrten bildeten das Kollegium der „Genannten", das als „größerer Rat" zu grundsätzlichen Entscheidungen herangezogen wurde[210].

(*27v) An Jorg Hutenpeck, Pfleger zu Hersbruck. Es geht um einen „ableib" bei Offenhausen[211], geschehen durch Lenhart Riesner von Breitenbrunn. Die Zeugen sollen sagen, ob „gemelter totter" keine Notwehr getan, sondern unbillig gehandelt habe.

(*29r) An Sigmund Gross, Pfleger zu Reicheneck. Auf Grund eines Briefes von Anthoni Harsdorffer will der Rat wissen, wie es mit dem Kirchtagschutz zu Talheim gehalten werde.

(*34r) An den Kurfürsten Friedrich von Sachsen. Über Silberhandel. Genannt: Degenhart von Pfeffingen, Wolf Hofman, Sebastian Heinichen, Hans von Dolzk, Paul Mullner und Steffan Gabler.

(*34v) An Friedrich, Herzog zu Sachsen, Kurfürst. Die Nürnberger Bürger Hans Vischer, Jorg Volckmeir und 4 andere seien von 16 Männern zu Roß unweit Öttingen gefangen worden. Der Rat bittet, der Sache nachzugehen.

(*37r) An Jorg Hetzelsdorfer, Amtmann zu Schellenberg. Der Rat bittet, daß Leo Schurstab und seinen „arm leut" ihr Eigentum zurückerstattet wird.

(*37v) An Friedrich, Markgraf von Brandenburg. Wolf Metzler von Ansbach habe bei einem Kauf einer Kuh vom Nürnberger Gerichtsknecht Falschgeld benutzt, nämlich etliche verbotene Münzen.

---

[210] Wilhelm S c h w e m m e r : Die Stadt Nürnberg. Kurzinventar. (Bayer. Kunstdenkmale, 2. Aufl.) München 1977, S. 11.
[211] Zum Ortsnamen: „bei den Häusern des Offo", M 169.

(*46r) An Friedrich, Markgraf von Brandenburg. Der Rat nimmt Wein als Geschenk vom Markgrafen an, nämlich „zwei lageln neus Reinfals", um sie „in froligkait zu verprauchen".

Vom Markgrafen? Vorsicht! Quidquid id est timeo Danaos et dona ferentes.

(*49r) An Augsburg. Der Rat berichtet, daß seine nach Leipzig fahrenden Kaufleute durch etliche „geraisige", etwa 45 Mann und 4 Fuhrknechte, aufgehalten und ihrer Güter beraubt wurden. Der Überfall geschah bei Geiselbach. Selbst ein Nürnberger war unter den Tätern, Jörg Trummer[212].

(*54r) An Friedrich, Markgraf von Brandenburg. Hans Walther von Furt hat die „entleibung" an Hanns Mullner begangen. Die Fraisch liege in diesem Falle bei Nürnberg – „das wollten wir e. f. Gnaden, der wir sonst zu wolgefelliger dienstparkeit genaigt [sind], nicht pergen."

Süße Worte – an den Markgrafen! Da kann man nur sagen: Liebet eure Feinde!

(*61r) An Caspar Nützel. Er möge mit dem [Schwäbischen] Bund verhandeln. Die Bundesvereinigung sollte verstärkt werden, was überdies auch dem Haus Österreich zu gute käme. Allerdings müsse der Kaiser dazu geneigt sein, sonst wäre die Erneuerung des Bundes abzulehnen.

Der Schwäbische Bund wurde 1488 als Landfriedenseinung des schwäbischen Adels, der Reichsstädte und einiger Fürstentümer, z. B. Württemberg und Tirol, gegründet. Er richtete sich gegen die ausgreifende Territorialpolitik der bayr. Herzöge. Später wurde der Bund den Habsburgern ihren politischen Interessen dienstbar gemacht.

(*67v) An Görlitz. Es geht um den Nürnberger Cunz Stedler. Dem Lorenz Olschleger habe er 10 Gulden zu zahlen.

(*73r) An Caspar Nützel. Die Angelegenheit mit Hans Geisling. Verhandlungen mit dem [Schwäbischen] Bund, teils „in höchster gehaimb". Auch Dr. Matheus Neithart ist involviert. Nebenbei: die Straße nach Venedig sei den Kaufleuten für 4 Monate vom Kaiser freigegeben.

---

[212] Zu Jorg Trum(m)er siehe Anm. 197.

(*74r) An Georg, Bischof von Bamberg. Der Rat beteuert, daß sich Nürnberg streng an die „silbring" Münzordnung halten werde, die von Ludwig, Pfalzgraf bei Rhein, Kurfürst, Markgraf Friedrich von Brandenburg, und von Bischof Georg selbst sowie von Nürnberg aufgezeichnet wurde.

(*77v) An Margarethe, Priorin von Engelthal. Nürnberg gewähre an den Christtagen Geleit und Sicherheit dem Jorg von Breitenstein, Erhard von Rednitz, Jorg von Ems, Utz Ochs und Steffan von Kornreuth.

(*78r) An Lübeck. Der Rat will Lübecks Beschwerden gegen den König von Dänemark beim nächsten Reichstag unterstützen, den der Kaiser zunächst nach Straßburg, jetzt nach Freiberg im Breisgau geschrieben habe.

Sie verstanden sich gut: Lübecker Marzipan mit Nürnberger Lebkuchen.

(*80r) An Wolfgang und Joachim Grafen von Öttingen. Der Rat schreibt, daß Nürnberger Kaufleute von Lyon kommen und durch das öttingsche Gebiet heimkehren wollen. Sie befürchten aber neue Überfälle des Hans von Geisling. Bitte um Schutz.

(*86r) Die folgende Petition wurde gerichtet an: Mainz, Köln, Bamberg, Würzburg, Eichstätt, Augsburg, Sachsen, Pfalzgraf bei Rhein, Baiern, Herzöge von Baiern, Neuenburg, Herzog zu Sachsen, Markgraf von Brandenburg, Herzog zu Württemberg, Fürst zu Hessen, Statthalter in Amberg[213], Graf zu Öttingen, Straßburg, Ulm, Nördlingen, Leipzig, Worms, Weißenburg am Rhein, Oppenheim und Landau.

(*86v) Es folgt die Petition, die überall angeschlagen werden soll. Sie ist gegen Hans von Geyslingen[214] gerichtet, der – „ain raisig knecht – uns schmach und unglimpf" getan. Die Petition richtet sich auch gegen seine Helfer.

Eine erbitterte Warnung vor diesem Geisling und zugleich das längste Schreiben des ganzen Bandes (6 Seiten).

---

[213] Ortsnamen: nach neueren Erkenntnissen: Burg des Ammo (oder eines Mannes ähnl. Namens), M 26.
[214] Zu Geisling siehe auch Fritz S c h n e l b ö g l: Zwischen Zollern und Wittelsbachern, P 122.

(*83r) An Georg, Bischof von Bamberg. Nürnbergs Kaufleute wollen den Leipziger Neuen-Jahrs-Markt „mit irn leiben[215] und kaufmannsgutern" besuchen. Der Rat bittet um Geleit.

Der verantwortliche Kaufmann ließ seine Waren nicht allein reisen, sondern begleitete sie persönlich.

(*95r) An Preßburg. Der Rat bittet, den ausgeliehenen Büchsenmeister Hans Zanger wieder zurückzuschicken.

(*96v) An Wien. Es geht um die Bezahlung von 58 fl. für einen Kalender. Beteiligt: Georg Glockendon, Illuminist[216] in Nürnberg, Jos Cosman, früher in Wien und Michael Kempf, Spitalmeister von St. Anna-Spital zu Ofen.

(*97r) An Heinrich Steinlinger, Pfleger, und Hans Rewel, Kastner zu Altdorf. Hans Baum und der Eiklman [?] seien von Reitern gefangen und nach Altdorf gebracht worden. Man solle sie wieder freilassen.

Vielleicht hatten die Burschen nur ein wenig Raubritter gespielt.

(*97v) An Georg, Herzog von Sachsen, kais. Gubernator von Friesland. Es geht um die Geldforderung des Leipzigers Bernhard Kotwigk.

(*99r) An Sigmund von Schwarzenberg, Amtmann, Arnold von Ussigk, Vogt, und den Rat zu Kitzingen. Über Angelegenheiten des Gerberhandwerks. Involviert: Hans Stams von Oberygkelsheim[217] und Fritz Crafft, ein Gerber in Nürnberg.

(*100r) An Bürgermeister und Rat zu Roth. Es geht um die Bittschrift des Nürnberger Untertans Hans Nuhan zu Wendelstein.

(*102r) An Kaiser Maximilian. Er habe Nürnberg befohlen, insgeheim zu erkunden, „ob etlich gesellschaften oder sonderkaufleut … mit unserm allerheiligtissen Vatter dem Babst … ainichen wechsel[218], anlehen oder ander hand-

---

[215] = persönlich. – Die Leipziger Messe war 1165 entstanden und wurde 1507 von Kaiser Maximilian I. privilegiert. Ursprünglich gab es drei, später nur noch zwei Messen, die Frühjahrs- und die Herbstmesse.

[216] Illuministen waren Buchmaler; sie bemalten auch einzelne Blätter oder Urkunden. Mitt. Dr. Ursula T i m a n n, German. Nat.-Museum.

[217] Oberickelsheim b. Ochsenfurt.

[218] Der Wechsel als finanzielle Transaktion kommt in der Zeit des Frühkapitalismus auf.

Abb. 11 Gedächtnispokal für Melchior Pfinzing. Von Melchior Baier, 1534–36.
Gold mit Email

lung gemacht haben … Davon tragen wir nit sonder wissen, wiewohl das nit unglaublich erscheint."

Es war durchaus glaublich, daß der Papst
Geldgeschäfte machte.

(*102r Fortsetzung) „dann (= denn) von vil fremden orten Teutscher nation wird in unser stat … täglich gehandelt, das gellt darein und wider darauß geführt und gar weitleufig ausgegeben."

(*103v) An Friedrich, Markgraf von Brandenburg. Wegen „landfridbruchtiger handlung, indem unser veind und widerwertiger Hans von Geisling" Nürnberger Kaufleute gefangen halte. Der Rat bittet um ein kaiserliches Mandat, die Untaten des Geisling betreffend, allen Amtsleuten mitzuteilen.

(*105r) An Caspar Ubelacker zu Lonerstag[219]. Der Ratsverwandte Kilgan Frannck habe gemeldet, daß „ime durch etlich seine misgonner bei nechtlicher weile grosser hohmut begegnet, des der Fritz Laurhoss gut wissen haben soll." Der Rat bittet um Aufklärung.

(*107v) An Dinkelsbühl. Der Rat will seinen Doktor Ulrich Nadler den Dinkelsbühlern für ihren Prozeß nach Ansbach schicken.

(*111r) An Weiden. Erbsache zwischen Agnes Wagnerin zu Weiden gegen die Witwe von † Fritz Schneider. Der Klägerin Klage sei „etwas tunkel."

Bei völliger Verdunkelung der Klägerin
wird die Klage aussichtslos.

(*112r) An Dr. Gregor Lampart, Conrad Thum, Marschalk und Philipp von Yppenburg, Hans Hofmaiser. Der ehemal. Nürnberger Ratsfreund Sebald Schürstab sei „durch unfursehen zufall[220] des glücks in seinem angetriben handel uf wasser und lande in merklich schaden gefallen und dadurch zu verderben und abnehmen zeitlicher narung" geraten. Er hat sich „aus sorgen vor seinen gläubigern aus unser stat gethan."

Schürstab war so besorgt um seine
Gläubiger, daß er türmte.

(*113v) An Lenhart Obenberger, Messerer, jetzt zu Nördlingen. Rechtssache des Nürnberger Bürgers Hermann Henlein, Messerer.

---

[219] Fälschlich für Lonnerstadt nordwestl. Erlangen?
[220] Zufal (auch =) Unglück, G 238.

(*115v) An Passau. In Passau sei ein Nürnberger namens Uls Wohin oder Velhin genannt verhaftet worden. Bitte um Bericht seines Mißhandelns. Hier sei nur ein Utz von Neumarkt mit straffälliger Handlung bekannt.

Ein Straftäter unter zehntausend ehrenwerten Bürgern – glückliches Nürnberg!

(*115r) An Wilhelm Uffhenner, Vogt zu Schwarzenberg. Johann Wagner zu Geiselwind[221] habe den Nürnberger Bürger Hans Pilberger ermordet, einen „alten, fromen und stillen man.!" Wie die Witwe zu entschädigen sei.

Mein guter Mann ist tot? Oh Pein!
– Hätt ich nur einen Totenschein!

(*118r) An Weißenburg. Man habe dem Rat berichtet, daß der Mor, einst Wirt zu Roth, in die Fronfeste gekommen sei. Dem Rat sei davon nichts bekannt. Er bittet um weiteren Bericht.

(*118r) An Friedrich, Markgraf zu Brandenburg. Dem Rat sei nichts nachteiliges über die „irrung und zweifel" des Wolfgang Tetzel bekannt. Tetzel könne nach Nürnberg mit freiem Geleit 14 Tage kommen.

(*122v) An Johann, Abt zu Langheim. Glückwunsch zur Einsetzung nach „abgang" seines „vorfahren" Heimeran, Abt des Klosters Langheim. Er möge das nürnbergische Kloster in Gründlach wie sein Vorgänger betreuen, zur Ehre Gottes.

(*123r) An Kunz von Egloffstein, Pfleger zu Pottenstein[222]. Das Schreiben der Margarete Schmid(in) und der Kunigunde Puttner(in), Bürgerinnen zu Pottenstein, habe der Rat dem Sebastian Schryer und seinem Mitvormund † Sebastian Camermeister, Bürger zu Nürnberg, zugestellt. Man könne dem Ansinnen des Egloffstein nicht folgen.

(*125v) An Hans Lobich, Scharfrichter in Erfurt. Nürnberg sei mit einem Nachrichter versehen, „nemen doch dein anpieten zu guttem gefallen." Petschaft: Martin Geuder.

Offenbar wollte Lobich neue Arbeitsmethoden kennenlernen.

---

[221] Geiselwind = Siedlung bei den Wenden eines deutschen Grundherrn Gisilo, M 82 f.
[222] Pottenstein (westl. Pegnitz) = Burg des Boto (von german. Badu = Kampf, bot = Gebieter) M 179 f.

(*126v) An Lauf. Lauf habe sich geweigert, dem Amtmann des Waldes Sebald die verwirkten Pfänder herauszugeben. „Solchs euers ungegründeten widersetzens tragen wir nicht wenig befrembden.“

(*128r) An Georg, Bischof zu Bamberg. Appolonia Gumpl(in) ist die Stadt Nürnberg auf ein Jahr versagt, da sie „syndlichs wesen berüchtigt“ sei. (Auf Grund der Eingabe des Bischofs) kann sie nun doch wieder nach Nürnberg kommen und sich „zu irem verlobten man fugen“, sich „mit ime nach cristenlicher ordnung ir ehe bestetigen lassen und sich furter vor syndlichem wesen hüten, damit sie nicht in groß straff fall.“ [Unterschrift:] Conrad Imhof.

(*135v) An Friedrich, Markgraf zu Brandenburg. Der Rat habe des Markgrafen Brief „hören lesen.“[223] Da Herdegen Thanhauser, Bürger zu Nürnberg, dem Bernhart von Luchaw[224] in Sachsen mit übler Nachrede Schaden getan, wurde er auf einem Turm in eine Kammer gesperrt.

(*140r) An Ulrich, Herzog von Württemberg[225]. Der Rat wünscht dem Herzog Glück zur Vermählung mit „freulen Sabina, Pfalzgräfin bei Rhein, Herzogin in Ober- und Niderbayern“[226], und zur „hochzeitlichen beyschlaffung.“

> *Wenn es sich nicht um einen schlaffen Herzog handelt, könnte man auch der Braut gratulieren.*

(*140v) An Wilhelm Auffheymer, Vogt zu Schwarzenberg. Da Hans Wagner zu Geiselwind den Nürnberger Bürger Hans Spilberger totgeschlagen habe, soll er in Nürnberg erscheinen, zu seiner Sicherheit unter Geleit. Genannt: Johannes, Herr zu Schwarzenberg, dem die Fraisch[227] gebühre.

(*143r) An Heinrich Steinlinger, Pfleger, und Hans Rewhel zu Altdorf. Das Handwerk der Perlenmacher in Nürnberg und Altdorf habe sich über den Perlenmacher Hans Schneider beklagt.

(*143r) An Hans von Paulsdorf, Vitztum zu Straubing. Der Nürnberger Hans Knoll, ein Metzger, sei von den Leuten Paulsdorfs „etwas ubermessigklich mißhandlet mit hochmut und schmehwort.“

---

[223] Es wird öfter erwähnt, daß der Rat sich einen Brief vorlesen ließ.
[224] Wohl Lucka bei Altenburg/Th.
[225] Ulrich, Herzog zu Württemberg, 1487–1550.
[226] Sabina, Pfalzgräfin bei Rhein, Herzogin in Ober- und Niederbayern, 1492–1564.
[227] Fraisch = hohe Gerichtsbarkeit.

(*145) An Friedrich, Herzog von Sachsen, Kurfürst. Der junge Gesell Caspar Krell, der vordem Jacob Boners, eines Nürnberger Bürgers, Diener war, habe sich mit Diebstahl „merklich verhandelt". Das Diebsgut habe er zu Geld gemacht, um in Verschwendung zu leben. Auf Ansuchen des Kurfürsten und des Bischofs von Regensburg werde dem Krell in Nürnberg „seins leibs und lebens gesichert", sodaß er „zu billicher dankbarkeit verpflicht" sei.

> *Eine Belohnung wird ihm aber nicht zuge-*
> *sagt.*

(*146r) An Johannes, Abt zu Langheim. Über das Lehenrecht eines Fischwassers, der Gründlach. Genannt: der Convent zu Gründlach[228], Wilhelm Haller und dessen Frau Anna, † Karl Haller, Anton Tetzel d. J.

(*148r) An Pfleger, Bürgermeister und Rat zu Altdorf. Hans Schneider habe in Neumarkt und Altdorf heimlich das Handwerk der Perlenmacher erlernen wollen, was den Nürnberger Perlenmachern zum Nachteil gereicht.

(*151r) An Friedrich, Herzog zu Sachsen, Kurfürst. Der Rat beteuert, daß man auf Nürnberger Gebiet Sicherheit und Geleit habe.

(*154r) An Johann Holzschuher d. Ä. Der Rat habe Caspar Nützel nach Konstanz beordert, wo der Kaiser wegen der Angelegenheit des Bundes weile. Die „knechte" Hermann Urban und Conz Schmid werden in Nördlingen Nützel erwarten, um mit ihm, der gesundheitlich leide, nach Konstanz zu reisen. Nützel werde die „gewonliche Kleidung" der Knechte mitbringen. Genannt: Peter Leupold.

(*157r) An Peter von Rosenberg auf Krumenau[229]. Gegen Buryan Rhessitzky habe man den Nürnberger „diener" Johann Gerber geschickt. Genannt die Stände der Landtafel zu Böhmen, Zdenko Leb, Herr von Rosental, oberster Burggraf zu Prag.

(*159r) An Heinrich d. Ä., Herzog zu Braunschweig und Lüneburg[230]. Über das Plattnerhandwerk, „so bei uns schier zu ganzem abfall und unglauben komen was."

---

[228] Das Kloster in Gründlach nördl. Nürnberg (Großgründlach) wurde nach der Reformation aufgelöst. Zweiter Wortteil -ach = fließendes Gewässer. Siehe auch Anm. 82.
[229] Wohl Krumau in Südböhmen (Tschechien).
[230] Heinrich der Mittlere, Herzog von Braunschweig-Lüneburg, 1468–1532.

(*164v) An Alexius Haller. Hans Mugenhofer habe vorgebracht, daß die Kol-leffl(in) von Siegersdorf unerlaubt ein Gut verlassen habe, dessen Eigenherr als Vormund der Kinder von † Niklas Sachs er sei. Sie habe „varnus[231] und vihe" mitgenommen und „sich gen Arlofstain in das Wirtshaus getan."

Vielleicht haben sie die lieben Kleinen so genervt, daß sie ins Wirtshaus flüchtete.

(*173r) An Karl Schutz zu Hachenbach. Die „armleut" dieses Schutz haben im Nürnberger Wald Holz geschlagen, aber keinen Pfand dafür gezahlt. Was sie zur Notdurft brauchen, werde man ihnen mit billigem Pfand überlassen. Genannt: Die Kartäuser.

(* 178v) An den Nürnberger Bürger zu Lauf, Jeronimus Betz, jetzt zu Forch-heim. Der Rat habe gelesen, was sich zwischen ihm „und junkfrauen Felitzen Semler(in) der ee halben verlauffen." Genannt: Paulus Topler, Pfleger zu Lauf. Petschaft: Linhart Grundherr.

(*181r) An Caspar Nützel. Veit Beringer habe dem Ratsfreund Jorg Holzschu-her geschrieben. Dietrich Kleining werde nach Ulm geschickt. Nützel soll dem Kanzler nach München schreiben, daß Pfalzgraf Ludwig, Kurfürst, und Herzog Ulrich zu Württemberg[232] sich mit Herzog Wilhelm in Bayern[233] an einem Tag in Ulm gütlich einigen wollen. Nützel soll schauen, daß Nürnberg mit Bayern nicht in Ungnade komme. [Petschaft:] Linhart Groland.

(*187r) An Hans Herbst, Richter zu Schwabach. Jobst Barbirer von Schwabach, der „verwundungshalb so er Linhart Ringmacher von Schwabach hat gehaylt", solle dafür 3$^{1}/_{2}$ fl. bekommen; dies haben die geschworenen Wundärzte angeregt.

(*191r) An Hans von Seckendorf, Amtmann zu Baiersdorf. Dem Eukarius, Ver-walter der Geistlichkeit des nürnbergischen Klosters Himmelthron bei Gründ-lach[234], sei von Seckendorf eine „bedrohliche schmechschrift" zugeschickt wor-

---

[231] Varnus = bewegliche Güter.
[232] Ulrich, Herzog zu Württemberg, 1487–1550.
[233] Wilhelm IV., Herzog von Bayern, 1493–1550.
[234] Ursprünglich nennen sich nach Großgründlach die Reichsministerialen von Grintelach, dann besitzt es der Burggraf, von dem es 1343 Konrad Groß kauft, um ein Kloster zu stiften. 1572 kommt Gründlach an die Geuder, dann über die Pfinzing an die Haller. Fritz S c h n e l b ö g l : Adelsarchive im Nürnberger Raum. In: Mitt. Altnürnberger Landschaft (1961) H. 3. – Siehe auch Anm. 228.

den, was die Klosterfrauen aus Neid und unbegründeten Ursachen, „der sie sich billicher schempten", verursacht hätten. Seckendorf möge nichts gegen den „unverleumbden ordensman" unternehmen und „auch die closterfrauen mit iren raizen und anregen unverhört lassen."

Auch wir hoffen, daß Seckendorf vor den Reizen den Klosterfrauen nicht kapituliert.

(*193r) An Wolfgang Gotzman von Thurn. Gotzmans Erbe könne Nürnberg nicht kaufen, „da wir uns in den vergangen kriegsleuft … an gelt dermassen emplost haben."

Um nicht nur über vergangene Zeiten zu lesen, sondern sich auch konkret etwas vor Augen zu führen, besuche man das Germanische Museum. Man betrachte das „Schlüsseldorfer Schiff" von 1503. Es diente als Tafelaufsatz zur Aufbewahrung von Bestecken, ist von Silber getrieben und vergoldet. Dergleichen war nur in reichen patrizischen Haushalten zu finden. Dieses kunsthandwerkliche Meisterstück stellt ein damaliges Kauffahrschiff mit voller Takelage und allen technischen Einzelheiten dar.

Ein Kunstwerk ganz anderer Art ist der Pfinzingpokal. Hier überzeugt edle Einfachheit. Das Stück ist ausschließlich komponiert aus konzentrischen Kreisen unterschiedlicher Größe, dem sich der Dekor völlig unterordnet. Die Harmonie der Gestalt zeigt, wie das Formgefühl der Renaissance sich um 1535 durchgesetzt hat.

Betrachten wir auch das lebensnahe Porträt Dürers um 1516, das seinen Lehrer Michael Wolgemut darstellt.

Die vier großen, für Nürnbergs Stadtbefestigung charakteristischen Rundtürme entstanden um die Mitte des 16. Jahrhunderts, wobei ältere einfache Türme rundum ummauert wurden. Charakteristische Bürgerhäuser dieser Zeit findet man unter anderem noch in der Weißgerbergasse und in der Oberen-Wörth-Straße.

Nürnberg im 17. Jahrhundert

Wir schreiten fort zum 17. Jahrhundert und beginnen wieder mit der Außenpolitik. Der Leser geht nicht fehl in der Annahme, daß der Jahrgang 1620, den wir für unsere Briefe ausgewählt haben, einiges erwarten läßt. Die religiösen und politischen Konflikte nahmen zu, es knisterte an allen Ecken und Enden. Und so viele Parteien und Richtungen es auch gab, eine jede glaubte sich im alleinigen Besitz der Wahrheit. Und jede glaubte es lauthals verkünden zu müssen. Nürnberg hingegen gedachte des klugen Wortes aus der Bibel: Was ist Wahrheit? Der Rat fühlte sich nicht verpflichtet, dem wechselvollem Geschick sein wechselvolles Gesicht zu zeigen. Auch jetzt schien es ihm nicht geboten, alles auf eine Karte zu setzen, ohne sicher zu sein, daß sie sticht. Noch hatte Nürnberg großes Ansehen im Reich, zumal der Kaiser die Schule in Altdorf zur Universität erklärte.

Nürnberg[235] gehörte zur protestantischen Richtung, der größte Teil seiner Bevölkerung dachte protestantisch. Das ließ sich nun nicht verleugnen. Aber ebenso wichtig schien die Verbindung zum Kaiser. Deshalb blieben Nürnbergs Beteiligungen am Landsberger Bund und später an der Evangelischen Union nur kurzfristige Gastspiele, weil es sonst befürchten mußte, „von kaiserlicher Majestät enerviert zu werden", wie es so anschaulich ausgedrückt wurde. Im Kurfürsten von Sachsen fand Nürnberg dabei einen gleichgesinnten Verbündeten, wenigstens so lange, wie dieser nicht nach schmackhaften Äpfeln schielte, die an anderen Bäumen wuchsen. Die Katholischen Bischöfe forderten die Loslösung des Nürnberger Deutschordenshauses und der Elisabethkirche aus der städtischen Gerichtsbarkeit. Wieviel Geschick war nötig, um solchen Ansprüchen entgegenzutreten, ohne es mit jenen Kontrahenten zum völligen Bruch kommen zu lassen!

Jetzt tritt Maximilian, der Herzog von Bayern, auf den Plan. Er sah wie Kaiser Ferdinand II. seine Aufgabe in der Vernichtung des Protestantismus – zwei Männer mit dem gleichen Ziel, aber unterschiedlich in ihrem Charakter. Maximilian war jederzeit bereit, das Schwert zu ziehen, um die Rechte der Kirche zu schützen. Auch Ferdinand war dazu bereit. Aber wenn es um seine eigenen Rechte ging, gebrauchte er härtere Mittel.

Als Donauwörth es gewagt hatte, eine katholische Prozession zu stören, wurde es von Maximilian besetzt. Ein Schrei der Empörung ging durch die

---

[235] Ich folge hier teilweise Rudolf E n d r e s , P 265 ff.

evangelische Welt. Nur aus Nürnberg hörte man kaum einen Hauch; die Vögelein schwiegen im Walde ...

Nachdem der bayerische Herzog die Katholische Liga gegründet und eine bedeutende Streitmacht aufgebaut hatte, erwarteten die Nürnberger, deren Territorium an bayerisches Gebiet grenzte, die ersten vernichtenden Schläge. Indessen ließ sich der Rat nicht so schnell „enervieren". Die Leidenschaft Maximilians als Kunstsammler war bekannt. Dazu erfuhr der Rat, daß der Herzog liebend gern auch Werke von Dürer erworben hätte. Nun besaß Nürnberg noch Bilder des Meisters, darunter die berühmten „Vier Apostel". Der untere Teil dieses Gemäldes wurde von einer Schrifttafel protestantischen Inhalts abgeschlossen. Nürnberg warf die Angel aus, und Maximilian biß an. Er bekam, was er so sehr begehrte. Es ist vergnüglich zu lesen, wie der Herzog, kaum im Besitz des Gemäldes, die untere Schrifttafel absägen ließ. Erst dann erhob er voll Ehrfurcht sein Antlitz zur Betrachtung jener vier wunderbaren Gestalten. Bei diesem Deal bestand Nürnberg auf keiner förmlichen politischen Absprache. Aber der schwarze Peter war nun bei Maximilian. Er konnte nicht dieselben Leute wie Todfeinde behandeln, die ihm seinen Herzenswunsch erfüllt hatten. So war Dürers Werk, wie Rudolf Endres sagt, zu einem politischen Objekt von unschätzbarem Wert geworden.[236] Dem glaubenstreuen Herzog blieb nichts übrig, als den Beichtstuhl aufzusuchen, weil er aus persönlichen Vorteilen eine wichtige katholische Position vernachlässigt hatte.

Nach dem Prager Fenstersturz unterstützte Nürnberg die böhmischen Aufständischen, machte dies aber so diskret, daß Kaiser Ferdinand keinen Verdacht schöpfte und Nürnbergs Privilegien erneuerte.

Was nun folgt, ist nicht ohne Unterhaltungswert. Der Kaiser war als böhmischer König auch Lehensherr von Nürnbergs böhmischen Lehen (s. S. 24). Im Jahr 1619 hatten sich die protestantischen Stände Böhmens vom Kaiser losgesagt und in Friedrich von der Pfalz einen eigenen protestantischen König gewählt. Wenn sich nun Nürnberg in den böhmischen Lehensangelegenheiten an Friedrich wandte, war dies ein eklatanter Bruch mit dem Kaiser. Wendete man sich auch weiterhin an den Kaiser, so verriet man Friedrich und die gesamte protestantische Sache. „Was tun? sprach Zeus." Was Nürnberg tat, können wir uns denken. Es tat garnichts. Es schob die Angelegenheit mit fadenscheinigen Gründen so lange hinaus, bis die militärische Entscheidung zwischen Friedrich und dem Kaiser gefallen war. Nach der Schlacht am Weißen Berg betonte der Rat

---

[236] E n d r e s : Politische Haltung bis zum Eintritt Gustav Adolfs in den 30jähr. Krieg, P 271.

von Nürnberg seine Überzeugung, daß die böhmische Lehenshoheit niemandem anderen als der kaiserlichen Majestät Ferdinand II. zustand.

Reicke bemängelt die „kurzsichtige und mattherzige Politik Nürnbergs"[237]. Man wird heute anders darüber denken. Nürnbergs Macht und sein Einfluß waren damals nicht mehr so groß, als daß sie die geistigen und politischen Gewalten entscheidend hätten beeinflussen können. Man wird im Gegenteil anerkennen, daß die Stadt mit allen Mitteln versuchte, den Frieden so lange wie möglich zu erhalten.

In der Folge hatte Nürnberg durch die Truppen beider Seiten in seinem Landgebiet viel zu leiden. Handel und Verkehr kamen jahrelang fast zum Erliegen. Das Restitutionsedikt von 1629 brachte auch für Nürnberg schwere Einbußen.

Über die österreichischen Exulanten, die durch das Edikt von 1629 gezwungen waren, ihre Heimat zu verlassen, hat die Gesellschaft für Familienforschung in Franken umfangreiches Material zusammengetragen. So mancher Nürnberger wird einige von ihnen unter seinen Ahnen wiederentdecken.

Mittlerweile erschien Gustav Adolf, der den Protestanten neue Hoffnung einflößte. Aber die Leipziger Konvention, auch von Nürnberg unterschrieben, erstrebte eine neutrale Macht zwischen Kaiserlichen und Evangelischen. Da überschwemmte der Kaiser Süddeutschland mit seinen Truppen, forderte den Bruch mit der Leipziger Konvention und erwartete enorme Zahlungen. Nürnberg befürchtete den Verlust der Reichsfreiheit, und wieder ging es um Sein oder Nichtsein.

Der entscheidende Sieg Gustav Adolfs 1631 bei Breitenfeld und sein Vorstoß nach Süddeutschland änderte die Lage. Viele süddeutsche Stände schlossen sich dem schwedischen König an, während Nürnberg vorsichtig in Betracht zog, daß „Ihre königliche Majestät etwa Unglück haben könnte, was dann den Evangelischen den Garaus machen würde."[238] Wieder eine der köstlichen Formulierungen des Nürnberger Rats! Er konnte sich nicht offen für Gustav Adolf entscheiden, weil dies gleichbedeutend mit der Trennung vom Kaiser war. Nun liefert die Geschichte abermals ein hübsches Kabinettstück. Gustav Adolf drohte der Reichsstadt, er werde sie feindlich behandeln, wenn sie sich nicht für ihn erkläre. Diese allgemein gehaltene Ankündigung nützte Nürnberg wenig, es hoffte auf massivere Androhung, ja noch besser: es brauchte das Erscheinen der schwedischen Kriegsmacht vor seinen Mauern und hätte zur Not fünf oder

---

[237] R e i c k e S. 159.
[238] E n d r e s : Endzeit des 30jähr. Krieges, P 274.

sechs Kanonenkugeln in Kauf genommen. Kurz: der gefürchtete Kriegsmann war für Nürnberg zu friedlich, denn nur durch eine massive schwedische Aktion hätte Nürnberg seinen Anschluß an Gustav Adolf gegenüber dem Kaiser rechtfertigen können.

Der Wunsch Nürnbergs sollte nur zu bald in Erfüllung gehen. Gustav Adolf erschien mit Heeresmacht vor Nürnberg, um die Feindseligkeiten zu eröffnen. Nürnberg, glücklich über den Ernst der Lage, öffnete sofort die Tore und nahm mit Begeisterung die Schweden in Empfang. Zugleich erklärten Nürnbergs Abgesandte vor dem Kaiser in Wien, welch hartes Schicksal die Stadt betroffen habe. Sie schienen verzweifelt, diese Enttäuschung dem geliebten Kaiser nicht ersparen zu können. Wahrscheinlich mußte der Kaiser sie trösten.

In Nürnberg tat man alles, den Besuch Gustav Adolfs so festlich wie möglich zu gestalten. Die ‚haute cuisine' der Stadt wurde zu Höchstleistungen angeregt. Nach Reicke sagte der Schwedenkönig „noch nie habe es ihm so gut geschmeckt"[239] – äußerte sich also wie die heutigen Touristen, die nach dem Genuß von Nürnberger Miniwürstl mit Sauerkraut so begeistert sind, daß sie immer wieder kommen. Gustav Adolf ließ durchblicken, daß auch er gern wieder nach Nürnberg zurückkehren würde. Von solchen Besuchen hatten aber die Nürnberger genug, die hintereinander evangelische und katholische Heerführer ertrugen mit all den Exzessen einer rohen Soldateska.

Es erfolgte die Schlacht an der Alten Veste bei Nürnberg zwischen Gustav Adolf und Wallenstein. Der geliebte Monarch kam nicht nur sehr bald ein zweites Mal nach Nürnberg, sondern ließ sich hier auf lange Zeit häuslich nieder. Der Rat unterstützte den Schwedenkönig mit erheblichen Geldsummen und deklarierte sie gegenüber dem Kaiser sinnigerweise als „Brandschatzung". Nicht viel später erfolgte Gustav Adolfs Sieg 1632 bei Lützen und sein Tod im Gefecht. Nach der für den Kaiser siegreichen Schlacht 1634 bei Nördlingen mußte sich ganz Süddeutschland wieder bedingungslos dem Kaiser unterwerfen, so auch Nürnberg. Der Prager Friede von 1635 war für Nürnberg relativ günstig. Aber mit dem Kriegseintritt Frankreichs – gegen den Kaiser – war ein Ende der Drangsale nicht abzusehen. Nun hatte nicht nur Nürnbergs Landgebiet durch den Durchzug vieler Truppen unendlich viel zu leiden – die Stadt selbst, übervölkert von Fremden und Einheimischen, von Soldaten und Exulanten aus den österreichischen Gebieten[240], heimgesucht von Hunger, Elend und Pest, bot ein Bild des Grauens.

---

[239] R e i c k e , S. 973.
[240] Hierzu Bll. f. fränk. Familienkunde, 21. Bd., 1998.

GVSTAVVS ADOLPHVS D.G. REX SVEC.GOTH.
ET VAND. MAGNVS PRINCEPS. FINLANDIE DVX.ETC.

Abb. 12 König Gustav Adolf von Schweden, Gemälde v. A. v. Dyck

Der Friedensexekutionsprozeß für alle Beteiligten brachte Nürnberg noch einmal eine Spur früheren Glanzes[241]. Die dabei gewonnene reichsrechtliche Stellung nützte der Stadt allerdings nicht viel. Der Krieg hatte den städtischen Wohlstand und die städtische Macht zerstört. Nürnberg kam zu keiner selbständigen Politik mehr – das sind wenige Worte, aber was besagen sie! In diesem Wahnsinnsdurcheinander von Kampf, Hoffnung und Verzweiflung, in diesem dauernden Wechsel der Fronten, in endlosen Belastungen durch Freund und Feind hatte Nürnberg sein bestes getan, um seine Existenz zu retten und nicht in die schlimmsten Übel mit hineingezogen zu werden. Es war bis an die Grenze seiner Leistungskraft gegangen, und nun stand es vor den Trümmern seiner Politik. Die bedeutende, mächtige und auch nach 1558 von allen Mächten umworbene Reichsstadt – sie gab es nicht mehr. Das Sagen hatten jetzt die Territorialherren.

Nach dem großen Krieg war Nürnberg nur noch gut für Abgaben im Sinne der Kreismatrikel. Ja, es stellte sogar noch ein Kontingent für den Einsatz gegen die Türken und trug bei zur Rettung des Reichs. Aber ich will nicht mißverstanden werden. Damals verfolgte das Türkenheer feindliche Absichten, während heute das Türkenaufgebot in der Bundesrepublik ausschließlich friedlichen Zwecken dient.

Der immerwährende Reichstag wurde der Stadt genommen und kam nach Regensburg. Und als vom Westen die Franzosen gegen das Reich vordrangen und 1681 Straßburg nahmen, entsendete Nürnberg an Soldaten und Armeegerät, was es gerade noch aufbringen konnte.

1661 und 1664 konnte sich die Reichsstadt durch Verträge mit Kurbayern und Pfalz-Neuburg in seinem Territorium wenigstens Teilrechte sichern. Nur die Brandenburger bestanden auf Gerichtsbarkeit bis unmittelbar an die Mauern Nürnbergs. Am liebsten wären sie noch weiter gegangen, aber da klopften ihnen die Nürnberger dann doch auf die Finger.

Hier sei ein grundsätzliches Wort über Nürnbergs Politik erlaubt. Der Ethos in der Politik gleicht nur bedingt dem christlichen Ethos oder dem Humanethos im allgemeinen. Die Reichsstadt fühlte sich verpflichtet, Kaiser und Reich die Treue zu halten, was ihr unter den schwierigen Verhältnissen der Reformationszeit und des Dreißigjährigen Krieges wenigstens insoweit gelang, daß ihre Verbindung zum Reichsoberhaupt zwar belastet aber nie ganz abgerissen war. Dies erforderte Klugheit und Raffinesse, ja zeitweise Doppelzüngigkeit. Aber stets diente es friedlichen Zwecken und der Absicht, zahllose Menschen vor Qual und Untergang zu bewahren. Traurig wurde die Sache dann, als sich die Reichs-

[241] Endres, P 277.

stadt in der Endzeit noch immer dem Kaiser verpflichtet fühlte, von ihm aber kein Interesse, keinerlei Hilfe mehr erwarten konnte.

Der Dreißigjährige Krieg wirkte auf alle Gebiete nachhaltig ein, besonders auf die W i r t s c h a f t[242]. Daß die Hochkonjunktur nachgelassen hat, nimmt uns nicht Wunder. Noch immer stand man zwar mit den großen Handelszentren in Verbindung, mit Amsterdam, Valenciennes, Köln, Lissabon, Hamburg und Sevilla, nur wurden die Städte jetzt von relativ wenigeren Handelsherrn besucht. Über die Nordseehäfen Hamburg und Bremen hatte man Kontakt mit England. Über Hamburg benutzte man häufig den Seeweg nach Venedig, über Augsburg die Straße nach Genua. So wählte man, je nach der Möglichkeit, einmal die Seewege, dann wieder die Landwege. Ganz allgemein ist zu sagen, daß Spanien für Nürnberg allmählich wichtiger wurde als Italien; die Entdeckung der Neuen Welt blieb nicht ohne Folgen.

Zum Baltikum suchte man den Weg über Lübeck, nach Schlesien und Polen reiste man über Leipzig. Kellenbenz erwähnt ferner die Verbindung nach Lemberg, Antwerpen, Frankfurt, Prag, Nordböhmen, Memmingen, Isny Chemnitz, Meiningen, Breslau, Krakau und Wien. Der Mansfelder Bergbau warf noch Gewinne ab, so auch der österreichische Eisenbergbau. Nürnberger Kaufleute gaben hohe Darlehen an den Kurfürsten von Sachsen, an schlesische Städte, an den Bischof von Bamberg, an Pilsen und an Breslau.

Ingomar Bog[243] sieht vor allem die Schwierigkeiten, die das Merkantilsystem mit sich brachte. Dieses System breitete sich erst in Frankreich und Italien aus. Zoll und Einfuhrverbote behinderten überall den Handel und führten sehr häufig zum Bankrott. Durch die westeuropäischen Kriege verödete Antwerpen, die Türkenkriege verminderten auch Nürnbergs Ausfuhr nach Polen, Ungarn und Siebenbürgen. Die Straßburger Messen litten durch die politischen Spannungen. Dem Wohlstand Nürnbergs, so wie er noch vor dem Dreißigjährigen Krieg vorhanden war, trat jetzt allenthalben Mangel entgegen, wenn sich auch einige neue Gewerbe ansiedelten. Wie wir sehen, nutzte Nürnberg vielfach noch die früheren Handelswege. Allein der wirtschaftliche Gewinn ging überall zurück. Außerdem traf durch den zeitweiligen Bevölkerungsrückgang das Warenangebot für den inneren Konsum auf verminderte Nachfrage. Auch Bog nennt noch große Handelsgebiete wie Augsburg, Böhmen, Schlesien, die Bozener Messen, Lyon, Leipzig, Frankfurt, Breslau. Aber er weist auf enorme Ausstände hin und auf die Verarmung einiger Handelshäuser. Handel und Gewerbe rangen um verlorene Absatzmärkte.

[242] Ich folge hier hauptsächlich Hermann K e l l e n b e n z, P 395 ff.
[243] Ingomar B o g: Wirtschaft und Gesellschaft: Zeitalter des Merkantilismus, P 315–324.

Immerhin, der Krieg war vorbei, man atmete auf und war froh, davongekommen zu sein. Die Nürnberger Handwerker ließen sich nicht unterkriegen und arbeiteten fleißig und erfindungsreich. Allmählich nahm auch die Zahl der Einwohner wieder zur. „Da eilt, was Hände hat, sich einzurichten, es regte sich geschäftig jung und alt." Die K u n s t bekam neue Impulse, wenn sie auch nicht die Höhe wie in den ersten Jahrzehnten des 16. Jahrhunderts erreichte. Die Wissenschaften florierten. Studenten aus allen Teilen Deutschlands und seiner Nachbarländer besuchten die Universität Altdorf[244]. Bedeutendes wurde in der Architektur geschaffen[245], sei es im Nürnberger Landgebiet an Herrensitzen des Pariziats, sei es innerhalb der Stadt selbst. Das Rathaus – Baubeginn schon 1616 – entspricht in seiner großzügigen Fassade teilweise dem Palazzo Farnese in Rom. Die schöngeschwungene Fleischbrücke hatte ebenfalls ein italienisches Vorbild: die Rialto-Brücke in Venedig, nur daß man auf der Pegnitz die Gondeln vermißt. Der Ausbau der Nürnberg Stadtfortifikation war im 16. Jahrhundert nach Mailänder Vorbild gestaltet worden, was sich bis ins 17. Jahrhundert hinzog. Ein Brunnen in Bologna war das Vorbild für den 1668 geschaffenen Neptun-Brunnen.

Die Malerei brachte gefragte Porträtisten hervor, darunter viele aus den Familien der Glaubensflüchtlinge. Maria Sibylla Merian zeichnete mit scharfer Naturbeobachtung Blumen und Insekten[246]. Es ist ein Lichtblick, daß in so bedrohlichen Zeiten der Reichsstadt in Haßler[247] ein großes musikalisches Talent geschenkt wurde. Er führte die aus Italien kommende Kompositionslehre in Deutschland ein.

Besonders verdient auch die Literatur Erwähnung[248]. Der „Pegnesische Blumenorden"[249] wurde nach italienischen Vorbildern begründet. Sein bedeutender Vertreter Sigmund von Birken und sein Wirken sind auch heute noch Gegenstand wissenschaftlicher Forschung, zumal die entsprechenden schriftlichen Dokumente erhalten sind und im Archiv des Germanischen Museums aufbewahrt werden.

Überzeugend spricht hier alles dafür, daß wir italienischem Geist und italienischer Kultur viel zu verdanken haben – von Spaghetti Bolognese ganz zu schweigen!

---

[244] Klaus L e d e r : Die religiöse Entwicklung Nürnbergs nach dem Augsburger Religionsfrieden, P 281–283.
[245] Wilhelm S c h w e m m e r : Architektur und Malerei im Zeitalter des Manierismus, P 291–294.
[246] Elisabeth R ü c k e r : Maria Sibylla Merian, 1649–1717. Nürnberg 1967.
[247] Franz K r a u t w u r s t : Musik der 2. Hälfte des 16. und des 17. Jahrhunderts, P 287–291.
[248] Kurt W ö l f e l : Barockdichtung in Nürnberg, P 338–343.
[249] Irmtraud F r f r . v . A n d r i a n - W e r b u r g : 350 Jahre Pegnesischer Blumenorden 1644–1994. Katalog zur Ausstellung im German. Nat. Museum, 1994.

Aus der Ratskorrespondenz von 1620

Wir kommen zur Ratskorrespondenz von 1620 und damit zu Band 238 der Briefbücher. Einige Briefe dieses Jahrgangs sind noch am Ende des Bandes 237 eingetragen und hier mit einem Sternchen (*) gekennzeichnet. Frauen werden jetzt öfter genannt als 1424 und 1510. Zwar ist Nürnberg 1620 noch nicht direkt vom Dreißigjährigen Krieg betroffen, doch bekommt die Korrespondenz insofern einen neuen Charakter, als jetzt mehr als vorher von militärischen Aktionen und gefährlichen „leuften" die Rede ist. Das was da in seiner ganzen Schwere hereinbrechen sollte, konnte niemand ahnen. Wieviele Kleinigkeiten machten 1620 dem Rat noch Kopfzerbrechen! Aber ich habe das Gefühl, daß das Dunkle, das kommen sollte, sich doch hier und da fast unmerklich andeutet. Obwohl die Stadt zum protestantischen Lager gehörte, will sie bis zuletzt wenigstens den Schein der Loyalität gegenüber dem katholischen Kaiser aufrecht erhalten.

Die „Bildung" – auch die der Ratsschreiber – ist fortgeschritten. Man bedient sich lateinischer Floskeln. Dies zeigt der erste Brief, den ich deshalb aus der chronologischen Reihe etwas vorgezogen habe. Bei den übrigen Briefen lasse ich die lateinischen Floskeln weg.

(2r) An Dr. Christoph Stauber. Der Rat übersendet „exceptiones und Ursachen wider die sub et obrepticie ausgebrauchte compulsoriales et inhibitionem adnexis petitionibus ..." – Rechtsstreit zwischen Hans Georg Heid und Philipp Dollhopf.

> *Ich gestehe, daß ich dieser Art von Latein nicht ganz mächtig bin.*

(*567v)[250] An Joachim Ernst, Markgraf [von Ansbach][251]. Das erste Schreiben des Jahres 1620 beginnt mit dem Hinweis, daß der Rat „mit sondern Befremden" wahrgenommen habe, daß die Markgräflichen gegen den Nürnberger Untertan Einhard Brodtwurmb zu Algersdorf gewaltsam vorgegangen seien. [Brodtwurmb wird hier zum Exempel einer ganzen Rechtsauffassung.]

> *Was die Markgrafen von Ansbach sonst noch unternahmen, hat bei den Nürnbergern etwas mehr als ein „sonders Befremden" erregt.*

---

[250] Zur Erinnerung: Das Sternchen (*) vor der Foliozahl bedeutet hier Band 237 der Briefbücher, auf dessen letzten Blättern der Jahrgang 1620 bereits beginnt.

[251] Joachim Ernst, 1583–1625, Markgraf seit 1603, aus der jüngeren brandenburgischen Linie der Hohenzollern.

(*569v) An Leipzig. Es geht um das Recht der Nürnberger Bürgerinnen Michaela Schwendendörffer und Magdalena Seifersfelt an der Hinterlassenschaft ihres verstorbenen Bruders Hans Schwendendörffer.

(*570v) An Ulm. Es geht um ein neues Mühlwerk, von zwei Schweizern errichtet. Der Aufriß wurde Nürnberg zugeschickt. Technische Verbesserungsvorschläge des Rates.

Bekanntlich mußte man noch mit der Hand zeichnen.

(*571v) An Windsheim. Über das Salpetergraben in Windsheim.

(*572r) An Johann Friedrich, Pfalzgraf bei Rhein. Balthasar Derrer, ein Nürnberger Bürger, habe mit der Stadt Hilpoltstein einen Streit.

(*572v) An die Stadt Heideck[252]. Juristische Stellungnahme zur Bestrafung zweier Übeltäter mit Namen Cunz Salomon und Hans Prellensteiner. Der Rat wolle den Richtern in Heideck nicht vorgreifen.

Hier endet Band 237, es folgt Band 238.

(3v) An Ansbach (Onoltsbach). Auf Bitten Ansbachs schickt der Rat die Hebamme Martha Cunradt nach Ansbach, weil die Ansbacher Hebamme Katharina Scheffer „Todes verfahren" sei.

Die Nürnberger Hebamme Halbeckin von 1510 hätte man gern geschickt, aber sie war schon damals alt und schwach.

(4r) An Schweinfurt: Wegen etlichem fremden Kriegsvolks habe die fränkische Ritterschaft den Nürnberger Rat 150 Pferde bewilligt.

Hoffentlich haben sie auch die Reiter dazu.

(5v) An Rudolph Polman, Kapitän der Union, zu Crailsheim. Über die Zahlung des Nürnberger Untertans Heinrich Zapf in Lauf an die Reiter daselbst.

(6v) An Johann von Leubelfing. Dringende Bitte des Rates um seine Anwesenheit.

Johan von Leubelfing, Oberst, 1578–1648. Unter ihm wurde für Nürnberg eine eigene Truppe angeworben und unter Waffen gehalten, die wenigstens ma-

---

[252] Zum Ortsnamen: Schloß auf dem Berge (= Eck) an der Heide, M 101.

rodierende Soldaten vertreiben konnte[253]. Die Heerführer waren zugleich Unternehmer, wofür besonders Graf Mansfeld bekannt war. – Leubelfing ist der Vater von August v. Leubelfing, der als Page Gustav Adolfs seinem Herrn bei Lützen 1632 das Leben retten wollte und mit ihm starb.

(7r) An Georg Friedrich, Markgraf zu Baden[254]. Der Rat bittet, die Entsendung Leubelfings „gnädiglich" zu erlauben.

Dieser Georg Friedrich war damals einer der wichtigsten Vertreter des politischen Protestantismus. Er wurde von Tilly 1622 vernichtend geschlagen.

(13r) An Braunschweig. Wegen der schlechten Zeiten bittet der Rat um Überlassung von gesalzenem Fleisch, Butter und Speckseiten, um für alle Fälle Vorrat zu haben. Genannt: Stoffel Haßelhueber und Leonhard Stadelman.

Der Rat verband hier das Notwendige mit dem Angenehmen.

(14r) An die brandenburgischen Hofräte in Bayreuth. Der Rat berichtet, daß der Nürnberger Bürgerin Ursula Straubach die Ehe mit Fickelscherer anbefohlen wurde.

Offenbar keine Liebesheirat.

(15r) An Georg Friedrich, Markgraf von Baden. Der Rat schreibt, fremdes Kriegsvolk sei nahe der Stadt. Leubelfing soll in Nürnberg bestallt[255] werden (s. auch 6v)

(16r) An Johann von Leubelfing. Der Rat bittet ihn dringend, in Nürnberg zu bleiben.

Du, du liegst mir am Herzen, weiß nicht wie gut ich dir bin.

(19v) An Joachim Ernst, Markgraf [von Ansbach]. Replik des Rates auf die Beschwerde des Markgrafen, daß der Nürnberger Ratsherr Christoph Führer, Vogt zu Heimendorf, auf dem Reichsboden Jagd und Pirsch durchgeführt habe.

Da hat doch einer im 30-jährigen Krieg sogar auf Wild geschossen!

---

[253] E n d r e s , P 272.
[254] Georg Friedrich, 1573–1638, Markgr. v. Baden-Durlach.
[255] Bestallung = Anwerbung, Anstellung.

Abb. 13 Herzog Maximilian I. v. Bayern, Stich v. Peter Iselburg, 1. H. 17. Jh.

(21r) An Anton Heinrich, Graf zu Schwarzenburg und Hohenstein. Erörterung über die Schuldsache des Nürnberger Bürgers Wolf Hueter. Es geht um 847 Gulden Hauptsumme.

(24r) An Catharina, Witwe des Samuel Stübicke von Königstein, geborene Kopsch, jetzt Ehefrau von Augustin Seydenmeltzer von Seydenberg. Auseinandersetzung über die von Anna Catharina auf 10 Jahre lang mit 4$^1/_2$ % angelegten 26.000 Gulden.

Wer etwas auf sich hält, hat zwei Vornamen.

(30r) An Martin Höllner, früher Nürnberg, jetzt zu Markt Hertzhain. Der Rat schreibt, Höllner werde von den Erben des verstorbenen Nürnberger Bürgers Hans Heuer wegen Geldschulden verklagt. Er habe sich innerhalb von 14 Tagen in Nürnberg zu stellen.

(30r) An Julius Ernst, Herzog zu Braunschweig und Lüneburg. Die Rechte des Kammerdieners der Herzogin, namens Leonhard Ruß, und die seiner Mutter Magdalene, Witwe des verstorbenen Georg Ruß, will der Nürnberger Ratsherr Niclaus Albrecht Rieter vertreten,

falls die Herzogin selbst keine Zeit dazu hat.

(31r) An Benigna geb. von Zottleben, Witwe des Rittmeisters Georg Christoph Dobkatz. Der Rat kondoliert zum Tod ihres Mannes. Sein Sold von 200 Talern und eine „Verehrung" von 40 Talern werden durch Julius Huetter der Witwe zugestellt.

Der Taler ist eine in St. Joachimsthal/Tschechien im 16. Jahrhundert geprägte Silbermünze; hiernach die entsprechende Bezeichnung (Taler), so allgemein eingeführt, und Dollar.

(35r) An Regensburg. In der bedrohlichen Zeit brauche Nürnberg für seine Bürger Salz. Man bittet um 3000 Scheiben Salz, die Michael Bierzapff gegen Bezahlung nach Nürnberg fahren wird.

Salz für die Bürger, hoffentlich fällt da auch ein wenig für den Rat ab und nicht nur von den Speckseiten, wie in 13r, S. 82.

(41v) An den Kaiser. Die Stadt Giengen sei schuldig, jährlich eine Summe Geldes an St. Lorenz in Nürnberg und an die Nachfolger des verstorbenen Martin Geuder zu erstatten.

Ferdinand II. aus dem Hause Habsburg, 1578–1637, war seit 1619 Kaiser. Seine unduldsamen gegenreformatorischen Maßnahmen trugen zum Böhmischen Aufstand bei, der sich zu dem großen Krieg entwickelte. Der für den Kaiser und die katholische Liga zunächst günstige Kriegsverlauf und die Erfolge Tillys und Wallensteins führten Ferdinand auf die Höhe seiner Macht. Das Eingreifen Schwedens und Frankreichs brachte eine dauernde Bewegung in die Machtverhältnisse, bis die beiderseitige Erschöpfung zum Frieden führte – nach 30 Jahren. Da lebte von den Hauptakteuren keiner mehr außer Maximilian von Bayern.

(43r) An den Kaiser. Der Rat habe dem Dr. Johann Christoph Herpfer übertragen, die Formalitäten wegen der Reichslehen und der Nürnberger Privilegien durchzuführen. Bitte um Audienz für Herpfer und um Bestätigung der Privilegien. Beilage: Näheres über diese Privilegien und Vollmachtsbrief über das Blutgericht sowie über die Lehen zu Feucht.

(53r) An denselben. Der Rat bittet um Annahme der Supplication der Witwe des Nürnberger Bürgers Michel Diener.

(53v) An die evangelischen Stände des Erzherzogtums Österreich. Der Rat könne der Bitte, dem österreichischen Abgesandten Paul Danekh 100.000 Gulden gegen „billiches[256] Verzinsnus" zu leihen, unmöglich nachkommen. Der Grund seien die gefährlichen Zeiten und die damit verbundenen Ausgaben. Detaillierte Beschreibung der Notlage.

Der Protestantismus war weit bis in den Süden Deutschlands vorgedrungen, nicht zuletzt deshalb, weil er den Fürsten materielle Vorteile bot. Aber auch in Bayern, ja in Österreich selbst hatte das Volk teilweise der Lehre Luthers gehuldigt, obwohl dort die Fürsten streng katholisch geblieben waren. Erst die Gegenreformation brachte die protestantische Flut zum Stehen und leitete sie teilweise wieder zurück.

(58r) An Wilhelm Schütz von Holtzhausen, Pfleger zu Allersberg[257]. Margaretha Lengin (Lang), die Schwester des Weibes von Lienhard Stiegler, sei

---

[256] Billich: nicht wie heute kostengünstig, sondern kostengerecht (vgl. heute „recht und billig").
[257] Zum Ortsnamen: Burg (= Berg) des Alahari, M 23.

verdächtig, „Beiwohnung zu haben". Deshalb wurde sie von dem Pfleger verhaftet. Der Rat habe die „Inzichtsache"[258] des Wilhelm Schweick an das Nürnberger Stadtgericht verwiesen.

Das klingt ja wie Partnerschaft ohne Eheschließung!

(68r) An den Abgesandten von Rothenburg/T. 200 „Küriß" sollen an die vom König in Böhmen geworbenen Reiter gehen. Der Herzog von Württemberg ließ 300 Zentner Pulver zum Magazin der Union „hierher" führen. Diese sollen später nach Ulm gehen, davon jedoch 150 Zentner an den König von Böhmen. Über die Preise des Pulvers.

Der König wird auf die 150 Zentner wohl warten müssen.

Der König von Böhmen – da haben wir den Unglücksmann! Friedrich V., 1596–1632, Kurfürst von der Pfalz, ließ sich als Haupt der protestantischen Union 1619 zum König von Böhmen wählen, nachdem die böhmischen Stände vom Kaiser abgefallen waren. In Prag vergeudete der 23jährige seine Zeit in Festlichkeiten. Doch war sein Menetekel schon in das Buch des Schicksals eingeschrieben.

(69v) An Nördlingen. Der Rat spricht von dem Pupillen[259] der Nördlinger Bürger Michel Korlin und Johann Mensinger. Es handle sich dabei um Jacob Dieterichs Tochter. Der Rat habe dem Nürnberger Bürger Görg Wagner befohlen, die 20 von dem Wagnergesell Jacob Bernhardt deponierten Gulden bis auf ferneren Bescheid nicht hinauszugeben.

(70v) An Leipzig. Der Rat schreibt, daß Leipzig den Nürnberger Bürger Hans unter der Linden zum Verhör zitiert habe; er gibt beiliegend dessen Bericht [davon liegt keine Kopie vor].

(70v) An Johann Christoph, Bischof zu Eichstätt[260]. Über das zerrüttete Münzwesen der Zeit.

---

[258] Inzicht = Anschuldigung. Inzichtgericht in Nürnberg: Gericht, vor dem der Beklagte seine Verteidigung selbst führen konnte. G r i m m IV, Bd. II, Sp. 2152.
[259] Pflegebefohlene(r).
[260] Zum Ortsnamen: -stätt ist hier nicht Stadt, sondern Stätte, also Stelle, wo Eichen wuchsen, M 64.

(78r) An Georg Friedrich und Georg von Ansbach, Eyb[261]. Der Rat berichtet von der Schwierigkeit, „Euern adelichen Weibern in diesen kriegerischen und gefährlichen leuften" in Nürnberg „Unterschlupf" zu gewähren. Außerdem müßten sie sich selbst verköstigen, *sonst droht Abschiebung.*

(80r) An Augsburg. Der Rat verbreitet sich über das gegenwärtige Münzwesen (6 Seiten)

(83r) An Johann Müller und Georg Keckh, Richter zu Heilsbronn. Des Nagels Tochter zu Müncherlbach sei vom Consistorium zu Ansbach dem Hans Murr zugesprochen worden. Dieser sagte, sie sei „mit einer abscheulichen Krankheit behaftet". Der Barbier Elias in Nürnberg berichtet, sie sei am ganzen Leibe mit den „Franzosen" bedeckt; er habe sie nicht kurieren können.

(89v) An Joachim Ernst, Markgraf [von Ansbach]. der Rat berichtet, Wilhelm Kreß von Kressenstein habe gemeldet, daß Heppersdorf und Hans Christoph von Westernach die „unschuldiglich abgenommenen Hämel" restituiert hätten. Alles möge im nachbarlichen Vertrauen geregelt werden.

Das ist auch die Ansicht der unschuldigen Tiere.

(92v) An Frhrn. Lorenz von Weinzin, bayerischer Kriegskommissar. Dem Rat wurde gemeldet, daß Kriegsvolk zu Roß gegen Mörsdorf marschiere, daselbst aber nürnbergische Untertane wohnen. Den Befehlshabern und Rittmeistern möge man anordnen, daß die Soldaten „sich bescheidenlich verhalten" in Beachtung der Vergleichung zu Rothenburg.

Zum Beispiel sollten sie nur reden, wenn sie gefragt sind.

In der Waffenabteilung des Germanischen Museums ist der Dreißigjährige Kreig mit zahlreichen Objekten vertreten. Die ehemalige Ritterrüstung beschränkte sich jetzt hauptsächlich auf Brustpanzer für Kürassiere. Metallwaffen waren zum Schmuck mit Ätzungen überzogen. Die Degen bekamen schmale Klingen und reichen Korb. Auch Hellebarden wurden teilweise noch eingesetzt, Armbrüste nur noch in der ersten Zeit des großen Krieges. Handfeuerwaffe war die Muskete mit oder ohne Stützgabel, mit Radschloß oder Stein-

---

[261] Zum Ortsnamen: nach dem Baum Eiba, Eibe, M 69 f.

schloß. Ein Modell der Artillerie und ihres Zubehörs ist das sog. kleine Zeughaus. – Das alles zeigt, wie auch schon damals die Rüstungsindustrie in den schwärzesten Zeiten des Volkes blühte und gedeihte.

(95v) An Friedrich Borckh, Schultheiß zu Neumarkt [Opf.] Der Rat bittet, die Nürnberger Bürgerin Katharina, Witwe des Metzgers Neubauer, bei der Verfolgung einiger „verlassener" Kühe und Kälber ohne Entgelt ziehen zu lassen.

> *Warum auch nicht – Rinderwahnsinn war ja nicht zu befürchten.*

(96r) An Hans Georg von Fischbach, Amtmann zu Öttingen. Der Rat bittet, daß das verführte und abtrünnige Weib von Steffan von Endt, Schneider und Meßner zu Feucht, wieder bei ihm zu wohnen verpflichtet werde.

> *In wenigen Jahren wird man andere Sorgen haben.*

(99v) An Joachim Ernst, Markgraf [von Ansbach]. Der Rat berichtet, daß aus Ersparnis für gut befunden werde, die angeforderten Artilleriepferde nach Hause zu schicken. Auch die anderen Städte des Fränkischen Kreises sollten zu ihrer Schuldigkeit angehalten werden.

> *Die Schonfrist für Artilleriepferde wird nicht mehr lange dauern.*

(101r) An Johann Friedrich, Pfalzgraf bei Rhein. Über die böhmischen Lehen[262]. Der Rat fragt an, wie es andere Stände mit den böhmischen Lehen hielten.

> *Gut so! Böhmen ist bereits ein heißes Eisen.*

(107v) An Wolfgang Harsdörffer, Georg Pfinzing, Dr. Cunrad Friederich Tüschelin und Dr. Jacob Scheuerl in Augsburg. Über den Streit der Sattler, Riemer, Zaummacher, Schuster, Taschner und Gollermacher[263] in Nürnberg wegen Anfertigung der Bückshülfer[264].

> *Sie alle hatten sich über sinkenden Umsatz nicht zu beklagen.*

(115v) An Ulm. Ein Soldat der Union habe einen anderen erstochen, sei aber dennoch nicht bestraft worden. Dem Kriegsbrauch sei das unangemessen. Jeder

---

[262] Über Nürnbergs böhmische Lehen, s. S. 24.
[263] Goller = Brustlatz, Hals- und Hemdkragen, Kamisol (frz. Collier).
[264] Bedeutung? Für Büchse bietet sich Feuerwaffe an.

Obrist oder Capitain muß einen Soldaten, der ein Verbrechen begangen, zur Strafe freigeben.

Ein Soldat hat Feinde umzubringen. Wenn er dabei auch einen Mann der eigenen Partei erwischt – das geht zu weit!

(116v) An die Räte des Königs von Böhmen. Der Rat kann der Bitte um 200 Zentner Pulver wegen eigenem Mangel nicht entsprechen.

Die böhmischen Räte bitten um Pulver, während ihr König selbst bereits auf dem Pulverfaß sitzt.

(117v) An Johannes Riedel und Sebastian Schnel, Amtsverweser in Allersberg. Der Rat berichtet über den Streit zwischen Lienhard Striegler, ehemals Wirt der Blauen Flasche, und Margaretha Lengin (Lang). Die Nürnbergerin Apolonia, Ehewirtin von Lorenz Neukamb, berichtet, daß ihr ehemaliger Hausknecht Cunrad um Neumarkt wohnt; sie habe nichts ungebührliches von ihm vernommen,

jedenfalls war er nicht Dauergast in der Blauen Flasche.

(118r) An den Bischof von Eichstätt. Der Rat beschwert sich über das in Morsbach einquartierte Kriegsvolk. Es raube den Bauern Viktualien, ohne sie zu bezahlen. Bitte um Hinwegführung dieser Leute.

Man hatte schon mit dem Krieg genug; nun auch noch plündernde Soldaten!

(124r) An Ludwig Cammermeister, kgl. böhmischer geheimer Rat. Seine Majestät der böhmische König möge entschuldigen, daß der Rat wegen der gefährlichen und sorglichen „leufft"[265], die alles verzögern, noch nicht um die [Wieder-]Verleihung der böhmischen Lehen nachgekommen sei.

(125r) An Friedrich, König von Böhmen. Der Rat gratuliert zur Geburt seines Sohnes und wünscht, daß dem König und seiner „hochbegabten" Gemahlin sowie dem Kind eine langwährende beharrliche Wohlfahrt beschieden sei.

Dieser Wunsch ging in Erfüllung, wenn auch nicht auf dem Königsthron, so doch im Exil in Den Haag. – Die „hochbegabte" Gemahlin war übrigens Elisabeth aus dem Hause Stuart, eine Tochter König Jacobs I. von England.

[265] Leuft soviel wie Verlauf.

(128r) An Sdenko Adelbert Poppel von Lobkowitz, Kanzler des Königreichs Böhmen. Klärung der böhmischen Lehensangelegenheit. Beteiligt: Dr. Joh. Christoph Herpffer.

(131v) An Rothenburg/T., Windsheim und Schweinfurt. Über die Münzübereinkunft zu Augsburg; man solle sich danach richten.

> *Bei Zuwiderhandlung wird scharf geschossen.*

(133r) An die Räte des Stifts zu Passau. Der Rat bittet, die Nürnberger Kaufleute bei ihrer Reise zur Linzer Messe nicht zu behindern, zumal sie keinerlei Kriegsmunition bei sich führen.

(137v) An die Reichsritterschaft zu Franken. Abschlägige Antwort des Rates auf die Bitte um Ausleihe von 70 Kürassen, da Nürnberg dergleichen nicht übrig habe.

> *Jetzt zanken sie sich schon um die Kürasse; dabei haben sie nicht einmal genügend Kürassiere.*

(142r) An Ernst Graf zu Löwenstein. Der Rat schreibt, der Graf habe Philipp Belz und Melchior Peter von Kulmbach in die Armee eingestellt. Belz, unter dem Fähnlein des Hauptmanns Barkhaus, habe sich dem Müßiggang ergeben, mit vielfältiger Unzucht. Er habe Martha, die Tochter des Rotschmieds Becher in Nürnberg, „eines Kindes geschwängert, sich dann auch an eines Kutschfahrers Tochter gehängt und hinweggeführt" sowie Schulden gemacht. – Peter sei als abtrünniger Soldat nicht viel besser.

> *Die beiden sind mit lebenslanger Pension aus dem Heeresverband zu entlassen.*

Süddeutschland war durchsetzt von Ministaaten, besonders in Thüringen und im Schwäbischen. Die Grafschaft Löwenstein-Wertheim gehörte dabei keineswegs zu den kleinsten. Und jedermann war stolz auf sein Vaterländchen.

(145v) An Pfalzgraf Wolfgang Wilhelm zu Neuburg. Lehenrechtliche Auseinandersetzungen, betrifft Sulzbach, Hilpoltstein, Heideck und Allersberg. 9 Seiten.

(151r) An Markgraf Christian zu Brandenburg[266]. Von außenstehenden 18.000 Gulden solle Nürnberg zunächst nur 6.000 erhalten. Der markgräfliche Kam-

---

[266] Markgr. Christian v. Kulmbach-Bayreuth, 1581–1655, aus der jüngeren Linie der Hohenzollern.

mermeister Dr. Wilhelm Maximilian Enders habe weitere 6.000 zugesichert; aber auch diese seien nicht ausgezahlt worden. Der Rat mahnte bisher umsonst.

Da hilft nur noch ein konstruktives Miß-
trauensvotum.

(154r) An die Räte zu Sulzbach. Auseinandersetzung wegen eines Mühlen-rechts. Der Rat hört den Gegenbericht des Pflegers zu Lichtenau, Carol Scheurl. Genannt: Fridrich von Crailsheim zu Simmersdorf und Wolf Ludwig. Der Rat macht den Vorschlag: „Ihr werdet nunmehr die Sache reiffer erwegen und Euch zur Ruhe begeben." *Schlafe, mein Prinzchen, schlaf ein!*

(161v) An Christian, Herzog zu Braunschweig und Münster. Der Rat beklagt sich, daß Nürnberger Kaufleute im Lande Lüneburg mit Gewalt beraubt wur-den. Nürnberg fordert die geraubten Güter ohne Entgelt zurück.

(162v) An Johann Casimir, Herzog in Sachsen. Der Rat erhielt eine Beschwerde von Sibylla Gamitz und Tochter Martha, sowie von Kilian Koch und seiner Ehewirtin Helena gegen den sächsischen Untertan Georg Mund, Sohn des Organisten zu Rotach Peter Mund. Der Rat zweifelte zunächst an der Recht-mäßigkeit der Beschwerde, will aber gleichwohl dergleichen „respective miserables personas nicht gern hülflos gelassen sehen." Genannt: die Köhlischen Ehe-leute und Dr. Murder. Der Rat bittet den Herzog, den Supplikanten zu ihrem Recht zu verhelfen.

(168r) An die pfalzgräflichen Räte zu Sulzbach. Der Rat berichtet, daß die Mühle des Georg Purkh in den Heeg überfallen wurde. Leonhard Übler zu Wolfenrieth und Ursula Prachtl zu Sulzbach hatten Geld investiert. Der Rat spricht von „unschuldigen Mahlgästen"[267], vom Geld des Knicke, von Kühen und Schweinen.

(170r) An Johann Sigmund Führer in Rothenburg/T. Der Rat berichtet über die Herstellung und Lieferung von 200 Kürassen für den Markgrafen.

(171r) An Friedrich, König „zu Böheim". Der Rat schreibt, daß er die 1000 Musketen[268], die der König bestellt hatte, nicht liefern könne, da im Nürnberger

---

[267] Gemeint sind wohl die Bauern, die ihr Korn in der Mühle mahlen ließen.
[268] Muskete = Handfeuerwaffe mit Gabelstütze. Später, als sie leichter gebaut und ohne Stütze gebraucht wurde, hießen die schwerbewaffneten Infanteristen Musketiere, etwa im Gegensatz zu Füselieren, Jägern usw.

Zeughaus sich keine mehr befinden. Sie wurden zwar in Suhl bestellt, wurden aber noch nicht geliefert.

Man könne gern mit 3 Stück aus der Porto-kasse aushelfen.

(172r) An Johann Friedrich Pfalzgraf bei Rhein. Die Nürnberger Bürger, Hans Müller, Gastgeber, und Georg Füll, Pfragner[269], hätten sich beschwert, daß die Erbschaft der Väter ihrer Weiber im Amt Heideck mit zu hohen Steuern belegt sei.

Kannte man noch nicht den Trick, die Erbschaftsteuer zu umgehen?

(182v) An Hans Georg von Hirsberg, Schultheiß zu Forchheim. Der Rat beschwert sich, daß 44 Lämmer und 2 Kälber, die der Nürnberger Bürger Georg Wölffel gekauft habe, ihm bei Neunkirchen abgenommen worden wären.

Wenn die Tiere gut gehalten werden, geht es wenigstens nicht gegen das Tierschutz-gesetz.

(187v) An Dr. Johann Christoph Herpfer. Es handelt sich um 30.000 Gulden. Rechtliche Auseinandersetzung.

(192v) An denselben. Der Rat weist ihn an, dem Herrn Huber 50 Goldgulden zu „verehren", damit „die Sache so fürderlichst müglich expedirt und zu End gebracht werde". Außerdem möge er dem Herrn böhmischen Kanzler und dem Reichsvicekanzler einen guten Rheinwein verehren „von ungefähr vier Aimern."[270]

Wenn die beiden Kanzler die vier Eimer ausgetrunken haben, ist ein vorteilhaftes Abkommen zu erwarten.

(196r) An den Amtmann zu Baiersdorf. Der Rat schreibt, daß die Nürnberger Untertanen Hans Schmidt zu Kirchehrbach und Cunz Kern von Pinzberg Viktualien nach Nürnberg bringen wollten, nämlich Kälber, Schmalz, Öl, Eier und Käse. Sie seien von Amtsleuten in Baiersdorf angehalten und mit Steuern bedroht worden.

Mit Recht empfand man diese Viktualien in so schwerer Zeit als Provokation.

[269] Kleinhändler.
[270] Ein Eimer enthielt $64\frac{1}{7}$ Liter.

(197r) An Christian, Markgraf zu Brandenburg[271]. Der Markgraf habe 70 Mann zur Bewachung der Brücke in Vach eingesetzt, „wegen des bewußten bayrischen Volks." Diese Schutzwache habe jedoch Tag und Nacht der Völlerei in Wirtshäusern obgelegen und dafür von den dortigen Untertanen 30 Gulden gefordert.

Wenn das „bewußte bayrische Volk" an den Vergnügungen teilnimmt, ist eine Bewachung der Brücke nicht mehr nötig.

(205r) An Ulm. Der Rat erinnert an die Abmachung über Münzen,

deren Feingehalt höchstens um 50 % vermindert werden dürfe.

(207r) An Straßburg. Das Münzedikt von Augsburg sei zu publizieren.

(207v) An Christian, Fürst von Anhalt. Der Rat bittet um Erstattung der Auslagen des Nürnberger Michael Grubeckh.

Laßt dem Fürsten doch die paar Gulden! Geben ist seliger denn Nehmen.

(215r) An den Kaiser. Der Rat bittet um Verständnis, daß sein Abgesandter Dr. Johann Christoph Herpffer die Zahlungen für die böhmischen Lehenverpflichtungen wegen der kriegerischen Ereignisse und der von Soldaten übervölkerten Straßen nicht rechtzeitig erledigt habe.

Noch konnte man sich mit dem Stau auf den Straßen herausreden.

Maximilian, der Herzog von Bayern[272], zog mit seinen Scharen von München ostwärts nach Oberösterreich, dessen Steuern ihm der Kaiser versprochen hatte. In Maximilian besaß die katholische Liga einen glaubensstarken Vorkämpfer. Die Sachen waren nun so weit gediehen, daß der Kaiser mit dem neuen Königtum in Böhmen abrechnen wollte. Seine eigenen Truppen, spanische Truppen und das Heer Maximilians zogen von Österreich nordwärts. Ihr Ziel war Prag.

(228v) An Sigmund von Thumberg, bayerischer Hauptmann zu Stadtamhof. Erbsache zwischen dem bayerischen Untertan Hans Pauman, Schmied zu Reinhausen, und der Nürnberger Bürgerin Margaretha, Witwe des Michel Schel, Weinhändlers in Nürnberg. Sie erklärt, nicht schuldig zu sein.

---

[271] Wohl Christian Wilhelm, Markgr. v. Brandenburg, 1587–1665.
[272] Maximilian 1573–1651, Herzog und ab 1623 Kurfürst von Bayern.

Abb. 14 Ansicht von Prag, Radierung, um 1620

(229r) An Johann Friedrich Pfalzgraf bei Rhein. Dem studioso Simon Müller könne erst dann das Beneficium eines Freitischs in der Akademie zu Altdorf gegeben werden, wenn einer der fünf von Nürnberger Bürgerssöhnen besetzten Plätze frei werde,

*und wenn er sich beim Essen etwas zurück-
halte.*

(229v) An Johann Sigmund Führer von Haimenberg zu Rothenburg/T. Der Rat schreibt, daß 80 Reiter und circa 130 Fußsoldaten (Franzosen und Schweizer), dem König von Böhmen zugehörig, von Röthenbach nach Schweinau gezogen seien. Wegen der Schwierigkeiten, die sie den Bauern bereiten, will der Rat vor der Ankunft des Kriegsvolks benachrichtigt werden.

*Dann hätte der Rat noch Zeit, solche
„Schwierigkeiten" zu untersagen.*

(230v) An Markgraf Joachim Ernst. Der Rat schreibt, daß die zu Pillenreuth gehörenden Hans Linzler zu Büchenbach, Hans Vischer zu Oberreichenbach und Hans Braun zu Wetzendorf sich über den Unfug und den Exzeß der mark-gräflichen Amtsleute beschwert haben.

*Jetzt fangen die Amtsleute auch schon an;
der 30-jährige Krieg ist nicht mehr aufzu-
halten.*

(232r) An Balthasar Neu, ansbachischer Rat. Auf seine Bitte hin will der Rat sein Weib und seine Kinder in der Stadt aufnehmen. Sie müssen sich aber ihre Viktualien selbst besorgen.

(232v) An Johann Sigmund Führer in Rothenburg. Aus Führers und des Mark-grafen Joachim Ernst Bericht gehe hervor, daß wegen der fränkischen Ritter-schaft 1 Kompanie Reiter für Rittmeister Georg von Bibra ausgeschrieben sei. Hans Carl könne noch beim Markgrafen bleiben. Bericht über den Exzeß von Soldaten gegen den Bruckmüller hinter dem Spital.

(233v) An Joachim Ernst, Markgraf zu Brandenburg. Näheres über den Exzeß gegen Bruckmüller (s. 232v). Bruckmüller habe alle sieben Soldaten mit einer Hellebarde[273] verwundet. *Na, ihr seid mir ja schöne Soldaten!*

---

[273] Hellebarde aus Helmbarte = Beil an einem Halm, L S. 89 u. 96; barte = Streitaxt, L 11. Heute noch in Österreich: Fleischbarte = Metzgerbeil.

(236v) An Friedrich, König von Böhmen. Es geht wieder um die böhmischen Lehen. Genannt: das Geschlecht der Rummel u. a.

(245v) An Johann Georg Christian, Kurfürst zu Sachsen[274]. Der Rat berichtet über die Bestellung von Musketenrohren und von Kürassen in Suhl.

(248r) An Schmalkalden. Der Rat berichtet über einen bei Wolfgang Mathes Probst in Nürnberg „erlangten" Arrest. Gegenbericht des Nürnberger Eisenhändlers Sebastian Schiller. Beteiligt: der Schmalkaldener Valentin Röder.

(254r) An Wilhelm, Herzog zu Sachsen, Jülich, Cleve und Berg. Der Rat könne die bestellten Rüstungen leider nicht liefern, da das Zeughaus leer sei.

> Was sie nur alle wollen! Nürnberg wird weder den Evangelischen noch den Katholischen etwas liefern.

(266r) An Heilbronn. Auseinandersetzung über Zollangelegenheiten.

(273v) An Friedrich von Crailsheim zu Sommersdorf. Der Rat weist ungerechtes Vorgehen zurück. Genannt: der Pfleger Scheurl, die Festung Lichtenau.

(275r) An Pfraumberg. Der Rat berichtet über die Auseinandersetzung zwischen Valentin Müller, Pfraumberg, und Johann Schmidt, Nürnberg, als Pfeiffersche Lehenverwalter. Es geht um einen Gutskauf in Pommelsbrunn[275]. Schmidt beweist das Pfeiffersche Recht mit schriftlichen Unterlagen.

(276v) An Johann Casimir, Herzog zu Sachsen[276]. Der Rat berichtet über eine Eingabe der Nürnbergerinnen Sibylla und Martha Janitzer, Mutter und Tochter, und bittet um Erhörung ihres Anliegens. Beteiligt: Kilian Koch.

> Geht den Weibern zart entgegen...

(279v) An Dr. Haffner in Speyer. Über den Streit von Hans Seuboldt gegen Georg Lösel zu Penzberg. Nürnbergs Anwalt am Hofgericht zu Bamberg ist Nicolaus Rodler.

---

[274] Johann Georg I., Kurf. v. Sachsen, 1585–1656?
[275] Zum Ortsnamen: Quelle (Brunn) des Baumold (ahd. Personenname), M 178.
[276] Johann Casimir, Herzog zu Sachsen-Coburg, 1564–1633.

(280r) An Markgraf Christian zu Brandenburg. Der Rat weist den neuerlichen „Krugszoll" vom Kastner[277] in Baiersdorf zurück. Dieser wollte ihn auf die in Kisten verpackten Gläser, Schalen und Krüge aus den Niederlanden erheben.

(290r) An denselben. Der Rat berichtet, daß die Nürnberger Bürger Hierony-mus Hertel und Pangratz Metzger zwischen Erlangen und Tennenlohe von 18 Reitern angehalten und bedroht wurden. Die Reiter öffneten die Kisten und entnahmen Ware, die auf 1000 Gulden geschätzt werde, nämlich englische Mannesstrümpfe, Farben, Bettwerk aus Taft, Ärmel, „Muffen", Perlen, Hosen-bänder, vergoldete Armbänder, Halsgehänge, gute Korallen, Taft, Samt, Silber, Kelchtücher[278], Ligaturen[279] und Schauben[280] mit Gold bestickt. Der Rat bittet um Hilfe.

Wenn überhaupt, dann wollen die Reiter bräutlich geschmückt ins Feld ziehen.

(297v) An Markgraf Joachim Ernst von Brandenburg[281]. Während einer Hoch-zeit in Poppenreuth kam es zwischen Hans Offenhauser, Bader in Fürth, und Nicolaus Geiger, ehemals Bader in Nürnberg, zum Streit, wobei Geiger entleibt wurde. Für den Rat ist es nun wichtig zu wissen, wo der Tote beigesetzt werden müsse.

Tatwaffen der Kontrahenten waren die Rasiermesser.

(302r) An Johann Eustachius von Westernach, Landkomtur zu Ellingen. Der Rat berichtet von einem Totschlag durch Dolchstich. Es gibt auch hier recht-liche Auseinandersetzungen. Genannt u. a.: Michael von Daneckschweilen. (11 Seiten).

(309r) An Wildbrand von Stockheim zu Lymber. Rechtsstreit wegen eines Wechsels zwischen † Hans von Bosch, Heinrich Hans Fürnberger und Dietrich Seubler, alle Nürnberg, und ihres Gegners Wildbrand Söhne in Italien.

(315r) An Georg Proceller, jetzt in Grätz. Er habe sich dreimal geweigert, vor dem Rat zu erscheinen. Im vierten Falle werde er seiner Nürnberger Bürger-pflicht entbunden.

Im fünften Falle dürfe er keine Nürnberger Bratwürste mehr essen.

---

[277] Der Kastner verwaltete u. a. den Getreidespeicher der Behörde.
[278] Für liturgischen Gebrauch.
[279] Bänder, Binden.
[280] Mit Ärmeln versehene Mäntel; im Landgebiet östl. v. Nürnberg noch heute: schaim.
[281] Joachim Ernst, Markgr. v. Brandenburg, 1583–1625.

(317r) An Sulzbach. Es geht um einen Rechtsstreit Nürnberg gegen Brandenburg wegen Pfändung des Conz Lösch in Wendelstein. Speziell wird über einen Zehnten und über das Mannlehen[282] der Witwe des Michel Heckel in Sulzbach verhandelt.

(321r) An Dr. Christoph Stauber zu Speyer. Der Rat äußert sich zu der Rechtsangelegenheit des Sohnes des verstorbenen Cunrad Wernlein. Gegenbericht von Christoph Kauffman und Andrea Zynot, beide Nürnberg.

(324v) An Gottfried, Graf zu Öttingen. Obwohl der Rat einigen vom Adel die zeitweise Unterkunft in Nürnberg wegen diesen gefährlichen Zeiten habe nicht gestatten können, so räume er doch dem Grafen das Recht ein, in des Nürnberger Bürgers Hieronynmus Hertel Haus 1 Jahr lang zu wohnen. Der Rat fragt an, wieviele Personen der Graf mitbrächte.

> *Wenn sich der Graf nicht etwa bis 1648 einquartiert, so wäre es zu ertragen.*

In diesem Jahrgang der Ratskorrespondenz ist wesentlich mehr von militärischen Aktionen die Rede als 1424 und 1510. Weit düsterer erscheint mir aber, daß die Bitte um Asyl in der festen Reichsstadt vernehmbar wird und immer mehr zunimmt. Der Adel fühlte sich auf seinen Schlössern nicht mehr sicher. Noch viel grausamer war der kleine Mann der Kriegsfurie ausgesetzt, wagte aber eine Asylbitte garnicht erst auszusprechen. Natürlich öffnete Nürnberg bei unmittelbarer Gefahr für seine Landbevölkerung die Tore. Im übrigen wurden selbst angesehene Personen abgelehnt, sie wären denn von Adel – aber auf keinem Fall aus Böhmen!

(328v) An den Amtmann zu Schwaben. Es geschah „ein muthwilliger Ableib an einem Gutscherknecht, namens Michael Mölckh, von einem Bürger von Schwabach, N. Beyreuther genannt." Der Täter soll ein Spießmacher sein. Der Freund des Entleibten, Hans Schadt, Nürnberg, will ihn in Schwabach begraben lassen.

> *Wer im Original „Spaßmacher" liest, braucht Nachhilfe in Paläographie.*

(329v) An Windsheim. Georg Örtts Tochter von Windsheim wurde von einem Studenten geschwengert „und sich mit Diebstahl vergriffen".

> *Wer sich da vergriffen hat und woran geht nicht klar hervor.*

---

[282] Mannlehen: ein nur in direkter männlicher Linie vererbbares Lehen.

(333r) An Markgraf Joachim Ernst. Der Rat berichtet über den Nürnberger Bürger Joachim Heher und lobt seine militärischen Fähigkeiten. Dieser Mann habe eine „16jährige Peregrination in Polen, Preußen, Litau und Mosgau" gemacht und sich im Kriegswesen besonders im Gebrauch des groben Geschützes und in der Feuerwerkkunst „zu Schimpf[283] und Ernst exercirt". Er wolle „dem allgemeinen Vatterland zum besten sich uff das löbliche Kriegswesen legen." Vielleicht habe der Markgraf Verwendung für ihn und könne ihn bei der „Artöleria" gebrauchen. Heher habe seine Fähigkeit vor dem Nürnberger „Feuerkünstler" Wolf Höchberg bewiesen.

> *Gemeint ist natürlich der evangelische Teil des „allgemeinen Vatterlandes".*

(337r) An Georg Friedrich von Lenkersheim, kurpfälzischer Pfleger zur Burg Treßwitz. Der Rat berichtet, daß der Nürnberger Bürger Wyber, ein Goldschmied, den im Feld gefundenen Schatz untersucht habe.

> *Er will ihn aber nicht 'rausrücken.*

(348v) An die Räte des Königreichs Böhmen. Der Rat berichtet über eine Kontroverse zwischen dem Nürnberger Bürger Wolfgang Hueter und Georg Stempel zu Schlaggenwald. Die Räte sollen Hueter anhören.

(353v) An Friedrich und Georg Friedrich von Crailsheim. Der Rat willfahre ihrem Wunsch und werde sie mit ihren Weibern und Kindern in Nürnberg aufnehmen.

> *Sie sollten ihre Verpflegung für 28 Jahre gleich mitbringen.*

(360r) An Heilbronn. Der Rat gewährt die erbetene jährliche Zollfreiheit nach Zahlung von jährlich 1 Goldgulden und 25 Gulden.

(362r) An die kurfürstl. Regierung in Amberg . Der Rat meldet, daß würzburgisches Kriegsvolk, 4000 zu Fuß und 6000 Reiter, in wenigen Tagen in Büchenbach[284] und Katzwang ankommt und durch eichstättisches Gebiet marschieren wird.

---

[283] Schimpf = Kurzweil, G 188; ahd. scimph, Schade S. 530.
[284] Zum Ortsnamen. (Siedlung an einem) Bach, wo Buchen stehen, M 43.

(367r) An Wolfgang Wilhelm, Pfalzgraf bei Rhein[285]. Der Rat reagiert auf dessen Beschwerde über die Arbeit des Nürnberger Glockengießers Christoph Rosenhardt.

> *Glocken werden noch zahlreich gebraucht, nicht für den Gottesdienst, sondern zum Sturmläuten.*

(379v) An Dr. Christoph Ölhafen, jetzt im Zellerbad. Der Rat habe vernommen, warum es nicht geraten sein werde, sich „in dieser wichtigen und weitausstehenden Sache zu übereilen", sondern erst mit anderen böhmischen Convasallen[286] höheren Standes vertraulich zu kommunizieren, „zumal mit dem Haus Österreich wir uns nie verbrennen wollen".

> *Sehr klug! Bis zur Schlacht am Weißen Berge sind es keine vier Monate mehr. Also Finger weg!*

(384v) An Schwabach. Streit zwischen den Metzgern in Schwabach und denen in Nürnberg wegen dem Ochsenmarkt.

(386r) An Johann Casimir, Herzog zu Sachsen.[287] Über Bergwerks- und Saigerangelegenheiten bei Eisfeld. Der dazu notwendige Holzschlag. Genannt: Wolf Müller, Nürnberger [Rats-] Diener.

(387v) An die Räte in Bamberg: Der Rat schreibt, das Weib des Nürnberger Bürgers Michel Roth sei „trünnig"[288], halte sich in Bamberg auf und möge zurückgeschickt werden. Sie solle tun, „was einem ehelichen Ehegenossen aignet und gebühret".

> *Es prüfe, wer sich ewig bindet!*

(396r) An Wilbrand von Stockaim „uff Lympor". Streit über einen Wechsel. Beteiligt: die Nürnberger Bürger † Hans Rosch, Heinrich und Hans Kürnberger und Dietrich Sembler.

(405v) An die kurfürstliche Regierung in Amberg. Der Rat teilt mit, die Gemeinde zu Hausheim habe sich beschwert, daß ihr Pfarrer, „allzu geiziges Beginnen" zeige und unerträglich sei.

> *Am Opferstock habe er sich aber noch nicht vergriffen.*

---

[285] Wolfgang Wilhelm zu Neuburg, Pfalzgraf, Herzog von Jülich u. Berg, 1578–1653.
[286] Mitgefolgsmann, Mitbelehnter. Herkunft des Wortes Vasall vermutet K l u g e (S. 810) aus dem Keltischen.
[287] Johann Casimir, Herzog v. Sachsen-Coburg, 1564–1633.
[288] trünnen = davongehen, entlaufen; vgl. nhd. abtrünnig.

(409v) An Markgraf Joachim Ernst. Der Rat schreibt, daß N. Beyreuther, ein Bürger zu Schwabach, den Nürnberger Kutscherknecht Michel Mörkh ermordet, „ohne alle gehabten billichmessige Ursachen unschuldiges Christenblut vergossen und denselben zugleich in Gefahr seines Seelenheyl und Seeligkeit gebracht" habe. Er wollte auch die Personen in der Kutsche ermorden, „Wehr und Dolchen über sie albereit emblöset und gezuckt". Nürnberg erwarte, daß „des Nachrichters schneidendes Schwerdt" die schreckliche Tat sühnen werde.

Zum Glück hat der Amokläufer wenigstens die Pferde verschont.

(419r) An die markgräflichen Räte zu Ansbach. Der Rat berichtet, daß der Nürnberger Bürger Martin Berndes über 600 Zentner Blei nach Augsburg geschafft habe.

Herbert Maas zeigt, daß die Ortsnamenforschung nicht nur aufschlußreich, sondern oft recht unterhaltsam ist. Ansbach hieß ursprünglich Onoldisbach (Bach des Onold). Das schleifte sich ab zu Onoldsbach, Onsbach. Der zierlichen Welt des 18. Jahrhunderts war der Anlaut O zu mundartlich-dumpf, und die Regierung wandelte ihn kurzerhand in A um: Ansbach. Solche von oben diktierte Umwandlungen gefallen mir nicht: „Frankfurt an der Ader" – das wäre doch häßlich!

(423v) An Gottfried Heinrich zu Pappenheim[289]. Verhandlungen über ein Darlehen, dessen Hauptsumme 20 000 Gulden beträgt. Genannt: Wolfgang Christoph von Pappenheim.

Gottfried Heinrich zu Pappenheim, 1594–1632, Reichsmarschall und kaiserlicher Reitergeneral. Unter Tilly zeichnete er sich in der Schlacht am Weißen Berg aus und bekam vom Kaiser ein eigenes Kürassierregiment, die „Pappenheimer". 1632, in der Schlacht bei Lützen, kam er Wallenstein zu Hilfe, aber die Schweden siegten. Gustav Adolf und Pappenheim wurden tödlich verwundet.

(429v) An Worms. Politische Betrachtung über die Lage der [Evang.] Union.

---

[289] Zum Ortsnamen: (Siedlung beim) Heim des Pappo (altdt. Personenname) M 171.

(434v) An Friedrich, König von Böhmen. Es geht um Lehenangelegenheiten. Formulierung des Rates am Schluß des Briefes: „derowegen wir unterthenigst gebetten haben wollen, uns unser Nicht-Willfahren halben disfalls gnedigst für entschuldigt zu halten".

Und weil wir uns am Hause Österreich nicht verbrennen wollen.

(437r) An Rothenburg/T., Windsheim, Weißenburg. Der Rat schreibt, diese Städte am kommenden Unionstag zu Worms trotz ihrer Bitte nicht vertreten zu können, da Nürnberg selbst sich wegen Verhinderung genötigt sieht, diesen Tag nicht zu besuchen.

(siehe Glosse zu 434v)

(446v) An Frau Potentiana zu Schwamberg und Frau Catharina Sibilla Gräfin zu Guttenstein. Diese in Böhmen wohnenden Damen hatten Nürnberg um Asyl gebeten. Wegen Kriegszug und beschwerlichem Einfall in Böhmen möchte Nürnberg – so der Rat – sie und ihre geliebten Kinder „von Herzen gern" aufnehmen, was aber unmöglich sei und schon vielen anderen adeligen Personen abgeschlagen habe werden müssen. Denn ein kaiserliches Mandat stehe dem entgegen, und der Rat sei als gehorsamer Stand des Römischen Reiches der kaiserlichen Majestät höchlich verwandt[290] und zugetan. Die Stadt sei ohnehin überfüllt und es sei kein Quartier mehr zu finden.

Außerdem seien Anschläge auf Asylanten-heime zu befürchten.

Das Nachrichtensystem Nürnbergs hatte längst in Erfahrung gebracht, daß sich ein kaiserliches Heer, vereint mit Maximilians Scharen und den Spaniern, in Richtung Prag bewegte. Der Rat wartet ab, zu wessen Gunsten die Entscheidung fällt.

(448r) An den Kaiser. Über die Gewährung des Leibgedings[291] des Johann Karl von Königsfeld. Der Rat versichert, daß die Steuer der Stadt niemand anderem als einem römischen Kaiser und König jedes Jahr gereicht werden soll.

(451r) An den Amtmann zu Schwabach. Es geht um das Recht des kleinen Weidwerks um Crotzelsdorf für die Nürnberger Bürger.

---

[290] Hier so viel wie verbunden, verpflichtet.
[291] Lehen oder Eigentum, das zu genießen auf Lebenszeit zusteht.

(455r) An Hans Ludwig, Graf zu Gleichen. Geldschuld des Nürnbergers Wolf Hueter.

(455v) An Georg Friedrich, Graf zu Hohenlohe, kgl. böhmischer geheimer Kriegsrat. Der Bitte um seine und seiner Gemahlin Aufnahme in Nürnberg könne nicht entsprochen werden, so „herzlich gern" man das täte. Die Stadt sei von Menschen überfüllt. Außerdem sei der Marquis von Spinola im Anzug, so daß sich „deroselben geliebte Gemahlin" in Gefahr begäbe, falls sie nach Nürnberg kommt.

Im Knoblauchsland seien aber noch Unterkünfte frei.

Ambrogia Spinola, Marques de los Balbases, 1569–1630, war ein bekannter spanischer General genuesischer Herkunft. Er hatte schon an den Kämpfen gegen die Niederländer teilgenommen. Im 30-jährigen Krieg unterstützte er die katholischen Aktionen, besonders am Rhein. Der Kaiser hatte ihm nach der Schlacht am Weißen Berge befohlen, die Erblande Friedrichs, die Pfalz, zu verwüsten. Das tat Spinola gründlich.

(457v) An Graf Johann Albin Schlick zu Passaun. Wegen den „im löblichen Königreich Böhmen von Tag zu Tat je lenger und mehr zunehmenden schweren Kriegsleufften" hatte Schlick um Aufnahme seiner Gattin und seiner Kinder gebeten, was mit den in 455v genannten Gründen abgelehnt wird.

Die Ratten verlassen das sinkende Schiff.

(459r) An Johann Neustetter, genannt Stürmer, Dompropst zu Bamberg. Eine vom Rat verhaftete Weibsperson hat der Ottilia, Endres Zainers zu Schniegling[292] Ehewirtin, der Nürnberger Bürgerin Magdalena Georg Roggenbachin und anderen Nürnberger Bürgern etliches ihr anvertrautes „Lödentuch" dieblich entwendet und bei dem Reichen [Name?] Juden zu Fürth, genannt der Meyr, versetzt. Dieser behauptet, es sei nicht gestohlenes sondern als ein anvertrautes Gut deklariert gewesen. Der Rat erklärt, daß Meyr das Gut oder den Wert desselben in Geld zurückerstatten soll.

Da scheint die Diebin gut wegzukommen!

(462v) An Speyer. Auseinandersetzung über das Messerschmiedhandwerk.

---

[292] Zum Ortsnamen: snigilo = kleine Schnecke, gelegentlich Spitzname für einen Mann; -ing = Kollektiv für (zusammengehörende) Leute. Schniegling = bei den Leuten des Snigilo, M 200.

(474v) An Georg Friedrich von Lenkersheim zu Alten Muhr. Der Rat müsse auch ihm die Bitte um Aufnahme in der Stadt für seine Frau, seine Kinder und für die Dienerin abschlagen. Die Stadt sei überfüllt von Bürgern, Inwohnern und Soldaten und es mangele an Viktualien.

(476r) An die kgl. böhmischen Räte zu Amberg. Der Rat wehrt sich gegen den unberechtigten Vorwurf, er sei gegen das zum Rothenberg gehörige Otten-soos[293] vorgegangen. Man habe ex musca elephantem gemacht. 19-seitige Aus-einandersetzung über die Herrschaftsrechte.

(486r) An die Burggrafen, Baumeister und Ganerben[294] zu Rothenberg über dasselbe Thema, 14 Seiten.

(493v) An Joachim Ernst, Markgraf zu Brandenburg. Den Nürnberger Bürgern Hans Hieronymus Kohl und Hans Paulus, Händler und Gesellschafter in Nürnberg, wurden an 50 Zentner Blei, die sie nach Augsburg führen wollten, beschlagnahmt. Bitte um straflose Erledigung der Sache.

(500v) An die Hofräte zu Ansbach. Der Nürnberger Untertan Peter Wernlein, Wirt zu Fischbach, und die ledige Clara Küttler seien vor dreiviertel Jahren wegen „sündlichem Zuhalten" vom Rat „ins Loch"[295] gebracht worden. Jetzt aber sei Wernlein in der Nacht von 50 Markgräflichen in seinem Haus überfal-len worden. Der Rat weist die Übergriffe eines markgräflichen Amtmanns zurück.

> Sie wird fürs Zuhalten bestraft, nicht fürs Gegenteil, wie mancher erwartet. Hier ist „buhlen" gemeint, G 238.

(505v) An die Räte in Bamberg. Über die Beschlüsse der Evangelischen Union.

(507v) An den Kammerverordneten zu Weimar. Über Münzangelegenheiten. Genannt: Hans Laufer.

---

[293] Zum Ortsnamen: in einer Urkunde von 903 heißt der Ort „otunazas" = Sitz des Otto. M 170.
[294] Ganerbe = Miterbe.
[295] Loch = das Lochgefängnis unter dem alten Rathaus. Hierzu H. K n a p p : Das Lochgefängnis, Tortur und Richtung in Alt-Nürnberg. Nürnberg. 1907.

Im Mittelalter und damit in Zeiten des Realprinzipwertes wurden die Münzen gewogen, daher der Ausdruck „Kipper und Wipper". Dadurch konnte die genaue Anzahl der Münzen und der genaue Wert einer Geldsumme bestimmt werden. Zunehmend seit 1590 wurde dem Mangel des Kleingeldes dadurch ungesetzlich abgeholfen, daß man Münzen mit weniger Feingehalt (Silbergehalt) prägte. Im 30-jährigen Krieg griff dies derart um sich, daß inflationsartige Zustände eintraten. Um diesen Verfall der Währung zu steuern, wurden Münzabsprachen, Münzkonventionen eingeführt, die das Unwesen nur wenig besserten.

(517v) An die Regierung in Amberg. Der König von Böhmen habe Nürnberg im Notfall um Succurs und Assistenz zur Defension von Böhmen gebeten. Der Rat schreibt, er werde sich an die Abmachungen der Union, die in Ulm getroffen wurden, halten. Unionsgeneralleutnant ist der Markgraf Joachim Ernst von Brandenburg.

Da scheint jemand von seinen Majestätsträumen endlich aufzuwachen.

(518v) An Schweinfurt. Münzvergehen von Juden.

(522r) An Herman Stör von Störnstein. Der Rat schreibt: „Wir haben Euer widersinnig und mit fast untemperirter Feder verfaßtes Schreiben" wegen einiger Äcker bei Pfaffenhofen gelesen. Das Recht an diesen Grundstücken gehöre Nürnberg.

Hier steigert sich der Rat zu deklamatorischer Höhe – allerdings nur einem Stör von Störnstein gegenüber. Gegen andere Störenfriede war er höflicher.

(523v) An Ulm. Zustimmung zu der Augsburger Münzprobation.

(524v) An Ulm. Über den Ankauf von Regalpapier[296]. Genannt: Die Nürnberger Bürger Hans Laur und Peter Zaunberger.

---

[296] Regalpapier = 4 Sextern großen Papiers (von lat. folium regale). Hierzu Lotte S p o r h a n - K r e m p e l : Papiererzeugung und Papierhandel in der Reichsstadt Nürnberg und ihrem Territorium (Beiträge zur Wirtschaftsgeschichte Nürnbergs II) 1967.

(525r) An Hans Sigmund Führer. Der Rat berichtet, daß der Kaiser befohlen habe, über den Unionstag zu berichten, um des Markgrafen [von Ansbach?] „hochvernünftigen Gedanken" darüber zu vernehmen.

„Hochvernünftige Gedanken" – also kommen die Protestanten dabei schlecht weg.

(531r) An Anna Barbara Colonin Freifrau zu Vels. Der Rat gewährt die Bitte, daß ihre Söhne Hans Georg, Wilhelm, Caspar, und Wolf Leonhard in Altdorf studieren dürfen.

Wiederum jemand aus Böhmen. Aber sie wollen nach Altdorf und nicht nach Nürnberg. Dergleichen wird in Wien nicht publik werden. – Ahnen die Söhne, was dem Freiherrn von Vels, dem Vater, bevorsteht?

(539v) An Friedrich, König in Böhmen. Der Tochter und dem Eidam[297] des Nürnberger Bürgers Christoph Dorn möge das unverschuldete Unglück wieder gutgemacht und ihnen ihre Habe zurückerstattet werden.

Inzwischen ist die katholische Heeresmacht südlich von Prag eingetroffen. Friedrich, der neue König von Böhmen, rafft an Streitkräften zusammen, was er findet. Ob seine Palladine Schlick, Vels, Lobkowitz und andere, ob er selbst noch an einen Sieg glaubt, weiß ich nicht.

(540v) An die markgräflichen Räte zu Ansbach. Nach einem Bericht des Nürnberger Spitalrichters Reinhard Schermayr habe sich ein unbekannter Schreinergesell, wahrscheinlich aus Amberg, im Nürnberger Spitalgehölz mit einem Zündstrick erhängt. Der Amtmann zu Stauf habe den Leichnam nicht, wie in dergleichen Fällen gebräuchlich, beim Hochgericht, sondern auf des Spitalsuntertanen Lienhard Harndasch zu Eckmanshofen Grund und Boden einscharren lassen.

Die Motive des armen Kerls sind uninteressant.

(544r) An die Räte zu Bamberg. Der Rat berichtet, daß der Nürnberger Jobst Dorn [auf seinem Wagen] Öl, Schmalz, Hanf und zwei Kälber geladen habe. Er sei bei Hilpoltstein von Soldaten bedroht und seiner Ware beraubt worden. Man fordert Restitution,

wenigstens von dem, was die Soldaten vom Festmahl übriggelassen haben.

[297] Eidam = Schwiegersohn.

(546r) An die geheimen Räte zu Straßburg, genannt „die Dreizehn". Über die Bestallung[298] des Obristen von Löbelfingen[299].

(547r) An den Erzbischof von Bremen. Der Rat berichtet, daß ein junger Mann, Henning Reinick, hier „abscheuliche und hochsträffliche" Untaten begangen habe. Er solle in Osterstaden beheimatet sein. Es werde ihm Entführung und Blutschande vorgeworfen, deshalb müse er nach göttlichem und weltlichem Recht am Leben bestraft werden. Der Entführten Mutter habe sich ebenfalls schuldig gemacht und erlitt nach „peinlicher Aussag" den wohlverdienten Tod. Genannt: Barbara Schlümpf.

(551v) An Markgraf Christian. Geldschuld des Dr. Jacob Scheurl in Nürnberg und des Matthes Pfeffer, Zeugmeister in Nürnberg.

(573r) An Markgraf Joachim Ernst. Der Rat zeigt an, es sei der brandenburgische Jägermeister von Ansbach, Veit Erasmus von Eyb, mit 12 Reisigen in das Amt Lichtenau eingefallen. Sie hätten mit Hasengarn, Federspiel, schwarzen und weißen Scheuchtüchern alles ausgehetzt und etliche Hasen gefangen. Auseinandersetzung über das obrigkeitliche Weidrecht.

Jedenfalls haben sie nicht Federball gespielt.

(575v) An Worms. Der Rat bittet, ihn am nächsten [evangelischen] Unionstag zu vertreten.

Nürnberg riecht den Braten und drückt sich.

(575v) An die königlich böhmischen Räte zu Amberg. „Wir haben die traurige Nachricht und Zeitung wegen königl. Majestät Niederlage ganz mitleidenlich und bekümmerlich vernommen." Der Rat habe Verständnis dafür, daß die kgl. Räte ihr anbefohlenes Fürstentum in guter Obacht zu halten suchen. Wortreich erklärt der Rat, ihnen nicht helfen zu können, da Nürnberg selbst vom Überfall bedroht sei. Die Stadt werde sich aber von den Beschlüssen der Union nicht absondern (7. Nov. 1620).

---

[298] Anstellung, Anwerbung.
[299] Leubelfing.

Das Schicksal hat zugeschlagen. In der Schlacht am Weißen Berg bei Prag wird das Heer des neuen Königs in alle Winde zerstreut, er selbst ist auf der Flucht. Das Strafgericht Ferdinands – bald danach – löst bei der europäischen Öffentlichkeit Entsetzen aus. 27 der adligen Anhänger Friedrichs werden hingerichtet, 24 durch das Schwert, 3 durch den Strang. Unter den Opfern befinden sich auch Schlick, Vels und Harant. Die Köpfe der Enthaupteten sah man noch längere Zeit am Kleinseitner Brückenturm ausgestellt. Der gesamte Grundbesitz der Opfer wurde enteignet, wovon sich besonders Wallenstein bereicherte.

Der Weiße Berg befindet sich westlich von Prag, nicht östlich, wie man gelegentlich liest. Es handelt sich um einen, jetzt bereits vom Stadtgebiet umrundeten Hügel nahe beim Schloß Stern, zwischen den Vorstädten Liboc, Ruziné, Veleslavin und Motol. Obenauf befindet sich ein kleines Denkmal. Die Tschechen haben ein geteiltes Verhältnis zum Weißen Berg – Genugtuung über den Sieg einer Konfession, der sie nun selbst schon lange angehören, aber auch Trauer über die vom landesfremden Kaiser bereitete Niederlage.

(578r) An Joachim Ernst, Markgraf von Brandenburg. Der Rat schreibt, Nürnberg habe „anfänglich" eine gute Anzahl Pferde und Reisewägen zum löblichen Dienst der Union in den schwäbischen Kreis geschickt, werde sie aber jetzt „zu weiterer Disposition" zurückholen, zumal sich das Kriegswesen in den rheinischen Kreis gezogen hat.
„Zu weiterer Disposition" – noch nicht zur Disposition des Kaisers.

(584v) An Heinrich von Dachröden, brandenburgischen Amtmann zu Schwabach. Der Rat schreibt, zwei markgräfliche Wildmeister haben beim Haus des Hans Narreter zu Wendelstein einen Tumult gemacht und den Michel Schmid beschimpft mit den Worten „Gottes hunderttausend Sacraschieß". Sie sollten aber – so der beschimpfte Schmid – sich solchen Hochmuts nicht nächtlicherweise „gelusten."
Also besser am Tage.

(588v) An Rothenburg/T. Von dem „laidigen Zustand in Böheim" kann der Rat erst jetzt näheres berichten [wohl auf einer nicht kopierten Beilage].

(590r) An Christoph von Crailsheim zu Walsdorf[300]. Es geht um die Schulden von 5250 Gulden des Nürnbergers Georg Ayerman.

---

[300] Zum Ortsnamen: Dorf eines Walchen (Kelten), M 228.

Abb. 15 Die Schlacht am Weißen Berge, Stich von M. Merian, um 1620

(593r) An Gottfried Heinrich Herrn zu Pappenheim, Reichserbmarschall. Der Rat teilt ihm mit, daß sein 2-jähriges Darlehen von 20.000 Gulden abgelaufen sei.

(599r) An Markgraf Christian. Der markgräfliche Kastner zu Baiersdorf, Hans Rumel, habe sich „eigenständiger Weise" unterfangen, sich an dem Handelsgut Nürnberger Krämer zu vergreifen und sich verschiedene niederländische Krüge und Gläser, die ihm gefielen, anzueignen.

> *Naja, Weihnachten steht vor der Tür; er dachte an seine Gattin.*

(603r) An Markgraf Joachim Ernst. Der Rat teilt mit, daß sich die Nürnberger Bürger Hans Hieronimus Kohl und Hans Paulus ohne Erfolg an die markgräflichen Räte in Ansbach gewandt haben. Nun hoffen sie in ihrer Unschuld Hilfe vom Markgrafen selbst.

Es fällt auf, daß der Rat nach der Schlacht am Weißen Berg das Ereignis kaum noch erwähnt, wenigstens nicht in den von mir angeführten Briefen. Er konnte nicht wissen, welche Konsequenzen daraus entstanden. Der Kaiser, nach weiterem siegreichen Vorgehen durch Tilly und Wallenstein, erließ 1629 das Restitutionsedikt, das die Rückführung aller von Protestanten beanspruchten Bistümer und Stifter zum katholischen Kultus anordnete. Ebenso wenig konnte der Rat 1620 ahnen, daß sich durch das Eingreifen Schwedens und Frankreichs der Krieg in eine unabsehbare Länge hinzog und Deutschland verwüstete. Nürnberg wurde zwar nicht wie Magdeburg vernichtet, aber doch schwer heimgesucht.

(612r) An Friedrich Ulrich, Herzog von Braunschweig[301]. Über mangelhafte Münzsorten (s. S. 103). Genannt: Ciriacus von Lehr, Münzmeister.

(615r) An Eger. Maria, die Witwe des Nürnberger Ratsherrn Wolf Löffelholz, zeigt an, daß in ihrem Hause etliche hundert Gulden seien entwendet worden. In Verdacht komme der Pädagog ihrer Kinder, Johann Georg Agricola. Man habe erfahren, daß Agricola nach Eger gegangen sei. Dort Möge er verhaftet werden.

> *Unter peinlichem Verhör wird er gern alles gestehen.*

---

[301] Friedrich-Ulrich, Herzog zu Braunschweig-Lüneburg-Wolfenbüttel, 1591–1634.

(616v) An Dr. Georg Vestner, Neustadt/Aisch. Der Rat schreibt ihm, er habe dreimaliger Zitation nicht folge geleistet. Wenn er bei der vierten Zitation nicht käme, so werde man ihn anschlagen lassen,

> *– nicht ihn selbst, sondern eine Bekannt-
> machung.*

(621r) An Caspar Colona Freiherrn zu Vels. Er hatte dem Rat – [offenbar wochenlang vorher] – geschrieben, daß etliche Frauenzimmer „vornehmen Geblüts" in Nürnberg einen sicheren Gewahrsam haben wollten. Aber – so der Rat – die Stadt sei von Bürgern und Soldaten überfüllt. Außerdem sei vom Kaiser Ungemach zu erwarten. Die von Spinola ins Reich gebrachte Kriegsmacht „möchte Euer Gnaden geliebte Anverwandten" in Gefahr bringen.

> *Spinola „möchte" das keineswegs; der hatte
> lohnendere Ziele.*

Auch aus dem 17. Jahrhundert bewahrt das Germanische Museum eine Fülle von Kulturschätzen. Und es ist wie ein Trost, daß Europa, von Krieg und Elend heimgesucht, dennoch hervorragende Kunstwerke hervorgebracht hat. Man sollte sich die Gemälde des in der Öffentlichkeit wenig bekannten Johann Liss anschauen, ein großes Talent. Er war Vorgänger von Piazetta und Tiepolo und starb 1622 mit nur 32 Jahren. – Joachim von Sandrart hat 1649 das große Festmahl in Nürnberg zur Feier des Westfälischen Friedens in einem repräsentativen Gemälde wiedergegeben, ein hochinteressantes Zeitdokument, das man im Stadtgeschichtlichen Museum im Fembohaus sehen kann.

Am Ende des 17. Jahrhunderts blieb nicht viel übrig von Nürnbergs Macht und Bedeutung. Die nunmehr erstarkten Landesfürsten sahen in den Reichsstädten nur eine unerwünschte Einschränkung ihrer eigenen Entfaltung. Auf künstlerischem Gebiet traten in Nürnberg auch im 18. Jahrhundert noch einige Talente hervor. Aber politisch hatte Nürnberg keine Bedeutung mehr. Das Patriziat verhinderte eine Erneuerung der städtischen Verfassung durch Festhalten an seinen alten Rechten. Die Wirtschaft und der Handel gingen zurück, und gegen Ende des 18. Jahrhunderts kam es zur Zerrüttung des Staatshaushaltes. Bald verlor Nürnberg seine Selbständigkeit. Es wurde 1806 dem Königreich Bayern einverleibt und damit zur Provinzstadt.

Damals ahnte niemand, daß Nürnberg unter neuen wirtschaftlichen, kulturellen und sozialen Bedingungen eine erstaunliche Wiedergeburt erlebte. Nürnberg ist heute eine moderne, attraktive Metropole. Dabei bewahrt das Zentrum der Stadt noch immer etwas vom Charakter eines spätmittelalterlichen Gemeinwesens. Das ist ein Zauber, um den sie jede deutsche Großstadt beneidet.

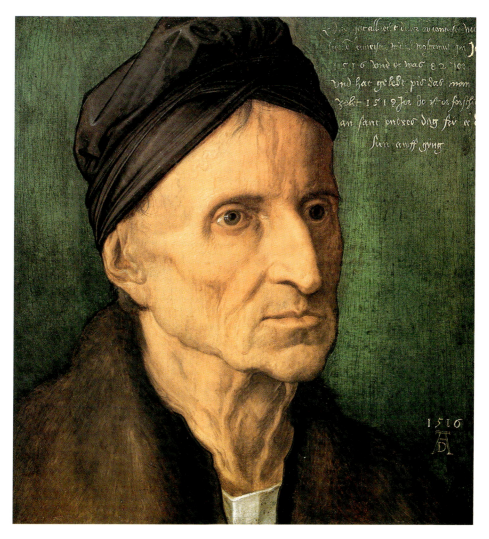

Abb. 16 Bildnis des Malers Michael Wolgemut. Gemälde von Dürer, 1516

Die beiden Register (Personen, Orte) beziehen sich lediglich auf die in diesem Buch behandelten Briefe der Ratskorrespondenz. Die einleitenden und verbindenden Texte bleiben dabei unberücksichtigt.

Das Alphabet richtet sich nach heutigem Brauch (z. B. C unter C, D unter D, T unter T usw.). Unberücksichtigt bleiben die Umlaute (z. B. Kunrad kommt vor Küster).

Die Zahlen bei den einzelnen Stichworten sind die Seitenzahlen dieses Buches. Aus ihnen wird der jeweilige Jahrgang ersichtlich: 1424 = S. 7–22, 1510 = S. 31–72, 1620 = S. 80–108.

PERSONENREGISTER

Gamitz, Sibylla 90
Geiger, Nicolaus 95
Geisling(en), Hans von 37, 64, 65, 67
Georg Friedrich, Markgraf zu Baden 82
Georg, Bischof v. Bamberg 31, 55, 56, 65, 66, 69
Georg, Herzog von Sachsen 47, 48, 66
Gerber, Johann 70
Gering, Paulus 38
Geuder, Martin 68
† Geuder, Martin 83
Gleichen, Hans Ludwig, Graf zu 101
Glockendon, Georg 66
Goldschmid [Familienname?] 17
Görg von Hesspurg 21
Goßheim, Seifrid von 17
Gotlinger (Gottinger?) Balthasar 33, 52
Gottfried, Graf zu Öttingen 96
Gotzman, Wolfgang 72
Graben, Hans im 39
Graf, Oswald 52
Granatel (Granetell), Jacob 8, 13
Grelbeck, Hans 22
Groland, L eonhard 35
Groland, Lenhart (Linhart) 57, 71
Gross, Christoph 57
Gross, Ott 47, 57
Gross, Sigmund 57, 58, 63
Grubeckh, Michael 92
Grun, Hans 61
Grundherr, Linhart 71
Guldenmund, Ulrich 20
Guldenmund(in) 20
Gumpl(in), Appolonia 69
Guntherr, Erzbischof von Magdeburg 22
Guttenberg, Eberhard von 11
Guttenberg, Görg von 11
Guttenberg, Hainz von 11
Guttenberg, Hans von 11
Guttenberg, Hans d. J. von 11
Guttenberg, Karl von 11
Guttenstein, Catharina Sibilla, Gräfin zu 100
Guttenstein (Guttenstain), Heinrich von 35, 59

H

Haffner, Dr. 94
Haiden, Stephan 47
Haimenberg, Johann Sigmund Führer von 93
Haimendorf siehe Heimenberg
Halbeck(in), Elisabeth 62

Haller, Alexius 38, 55, 71
Haller, Anna 70
Haller, Conz 55
Haller, Erhard 13
Haller, Jorg 44
† Haller, Karl 70
Haller Niclas 62
Haller, Peter 8
Haller, Stefan 55
Haller, Wilhelm 70
Hans (von Hausen) 12
Harndasch, Lienhard 104
Harscher, Hans 55
Harsdörffer 8
Harsdorffer, Anthon(i) 57, 63
Harsdörffer, Hans 58
Harsdörffer, Wolfgang 87
Haßelhueber, Stoffel 82
Hauer, Friedrich 57
(Hausen), Hans von 12
Hausmann 8
Haymenhofen, Allweg von 50
† Heckel, Michel 96
Heher, Joachim 97
Heid, Hans Georg 80
Heideck, Johann von 18
Heimeran, Abt 68
Heinichen, Sebastian 63
Heinrich, Herzog von Bayern 10, 15, 21
Heinrich d. Ä., Herzog zu Braunschweig 70
Hemler 8
Henlein, Hermann 67
Herbst, Hans 71
Herbst, Heinz 10
Herpffer, Christoph 89
Herp(p)fer, Dr. Johann Christoph 84, 91, 92
Hertel, Hieronymus 95, 96
Herzog, s. Schmid, Ulrich 20
Hesse, Hans 19
Hesspurg, Görg von 21
Hetzelsdorf, Jorg 56
Hetzelsdorfer, Jorg 63
Heuer, Hans 83
Heus, Hans 56
Heydenaber, Peter 20
Hirsberg, Hans Georg von 91
Hirspach, Bernhard 39
Hirsvogel, Lenhart 38
Höchberg, Wolf 97

Hoferl, Franz 48
Hofmaiser, Hans 67
Hofmann, Jeronimus 59
Hofmann, Jorg 39
Hofmann, Wolf 63
Hofmeister, Arnold 13
Hohenlohe, Georg Friedrich, Graf zu 101
Höllner, Martin 83
Holtzhausen, Wilhelm Schütz von 84
Holtzmann 50
Hölzel, Hans 8
Holzschuher d. Ä., Johann 70
Holzschuher, Jorg 42, 71
Holzschuher, Karl 39
Hornung, Endres 39
Hoyer, Graf zu Mansfeld 43
Huber 91
Hubmeir, Hans 61
Hueter, Wolf 83, 101
Hueter, Wolfgang 97
Huetter, Julius 83
Hutten, Conrad von 33
Hutten, Frowein von 59
Hutten, Ulrich von 42
Hut(t)enbeck, Jorg 35, 53, 57, 59, 60, 63
Hyrspach, Berhard 43

I

Imhoff 14, 15
Imhoff, Conrad 32, 69
Imhoff, Hans 32, 38
Imhoff, Jeronimus 40
Imland d. Ä., Hans 55

J

Janitzer, Martha 94
Janitzer, Sibylla 94
Jeger, Simon 21
Joachim Ernst, Markgraf von Brandenburg (oft
    nur Joachim Ernst, Markgraf) 80, 82, 86, 87,
    93, 95, 97, 99, 102, 103, 105, 106, 107
Johann Casimir, Herzog in Sachsen 90, 94, 98
Johann Christoph, Bischof zu Eichstätt 85, 88
Johann Friedrich, Pfalzgraf bei Rhein 87, 91, 93
Johann Georg Christian, Kurfürst zu Sachsen 94
Johannes, Abt 68, 70
Johannes, Bischof von Eichstätt 8

Johannes, Herr zu Schwarzenberg 69
Johannes, Herzog von Bayern 19, 20
Johannes, Graf von Wertheim 14
Johannes, Bischof von Würzburg 11, 14, 18
[Julius II.], Papst 32, 47, 66
Julius Ernst, Herzog zu Braunschweig 83

K

Kabitz, Sigmund 50
Karl, Herzog zu Münsterberg 38, 49, 60
Kaschauer, Endres 60
Kauffman, Christoph 96
Keck, Martin 57
Keckh, Georg 86
Kedwig, Bernhard 35
Kedwig, Jobst 35
Kellner, Hans 43
Kellner, Heinrich 50
Kempf, Michael 66
Kern, Kunz 91
Kessler 59
Kessler, Balthasar 59
Kessler, Bartholomeus 59
Kessler, Christoph 59
Kessler, Hans 44
Ketzel, Sebald 57, 58
Ketzel, [Sigmund] 59
Kleindienst, Caspar 41
Kleining, Dietrich 71
Kneissel, Hans 60
Knicke 90
Knoll, Hans 69
Knott, Hainz 56
Knott, Wolf 56
Koch, Helena 90
Koch, Kilian 90, 94
Koel, Cunz 50
Kohl, Hans Hieronymus 102, 107
Köhl(isch) 90
Kolleffl(in) 71
[Königseck], Kunigseck 16
Königsfeld, Johann Karl von 100
Kopsch, Catharina 83
Korlin, Michel 85
Kornreuth, Steffan von 65
Kotwigk, Bernhard 66
Krell, Caspar 70
Kress, Christoph 42

Bei undefinierten Orten wird die Schreibweise der Vorlage wiedergegeben. Im übrigen sind die lokalen Attribute (z. B. Lkr. …, bei …) vielfach nur Vorschläge zur Identifizierung, natürlich auch dort, wo ein Fragezeichen steht. Nürnberg erscheint nur bei lokalen Hinweisen. – Für wesentliche Hilfe bei der Identifizierung danke ich Karl Kohn, Nürnberg. Der jeweilige Jahrgang wird aus den Seitenzahlen ersichtlich: 1 4 2 4 = S. 7–22, 1 5 1 0 = S. 31–72, 1 6 2 0 = S. 80–108.

ORTSREGISTER

ABBILDUNGSNACHWEIS

Buchdecke	„Brunnenhansel", aus dem Hl.-Geist-Spital in Nürnberg. Bronzehohlguß, um 1380. Aus: Schatzkammer der Deutschen. Aus den Sammlungen des Germanischen Museums Nürnberg. Nürnberg 1982
Abb. 1	Ansicht von Nürnberg, Stich v. M. Merian, 17. Jh. (Detail)
Abb. 2	Die Reichskrone. Kunsthistorisches Museum Wien: Aus: Jankuhn/Bookmann/Treue: Deutsche Geschichte in Bildern, o. J. (um 1985)
Abb. 3	Die im Praunschen Rechnungsbuch genannten Städte. Aus: H. Pohl: Das Rechnungsbuch des Nürnberger Großkaufmanns Hans Praun von 1471 bis 1478. In: MVGN 55 (1968)
Abb. 4	Schriftprobe. Staatsarchiv Nürnberg, Briefbücher, Sign. Rep. 61^{a}, Band 6, 1424
Abb. 5	Verkündigung Mariä, von Konrad Witz, 1444. German. Nat. Mus. Nürnberg. Aus: Schatzkammer der Deutschen. Nürnberg 1982
Abb. 6	Kaiser Karl V., Stich v. B. Beham. Entgegen den Idealporträts zum Beispiel von Tizian wird hier der Herrscher mit leicht geöffnetem Mund dargestellt. Aus: wie Abb. 2
Abb. 7	Markgraf Albrecht Alcibiades, Stich, 16. Jh. Graph. Slg. d. German. Nat. Mus. Nürnberg
Abb. 8	Martin Luther, Stich, 1521. Aus: Gregorovius: Geschichte der Stadt Rom im Mittelalter. Dt. Taschenbuchverlag dtv III/2, München 1978
Abb. 9	Kurfürst Friedrich der Weise von Sachsen, Stich von Dürer, 1524. Graph. Slg. d. German. Nat. Mus. Nürnberg
Abb. 10	Schlüsselfelder Schiff, Tafelaufsatz, vor 1503, Silber, vergoldet. Aus: wie Abb. 5
Abb. 11	Pfinzingpokal, von Melchior Baier, Nürnberg, um 1535. Aus: wie Abb. 5
Abb. 12	König Gustav Adolf von Schweden. Gemälde von A. van Dyck. Aus: wie Abb. 2
Abb. 13	Herzog Maximilian I. von Bayern, Stich von P. Iselburg, 17. Jh. Aus: wie Abb. 2
Abb. 14	Ansicht der Stadt Prag, Radierung, 1620/1621. Aus: Barbara Rök: Böhmen und Mähren. Ansichten aus der Graph. Slg. des German. Nat. Mus. Nürnberg. Nürnberg 1995
Abb. 15	Die Schlacht am Weißen Berge, Stich von M. Merian, um 1620. Aus: wie Abb. 2
Abb. 16	Bildnis Michael Wolgemut, Gemälde von Dürer. German. Nat. Mus. Nürnberg. Aus: wie Abb. 5

Abbildungen 1, 7 und 9 nach Fotos des Germ. Nat. Mus. Nürnberg

ABKÜRZUNGEN

für häufig benutzte Literatur

G	Alfred **Götze:** Frühneuhochdeutsches Glossar. Bonn, 1920
Hirschmann	Gerhard **Hirschmann:** (Hg.): Johannes Müllner, die Annalen der Reichsstadt Nürnberg von 1623, Teil II, 1351–1469. Nürnberg 1984
Kusch	Eugen **Kusch:** Nürnberg, Lebensbild einer Stadt. Nürnberg 1989
L	Matthias **Lexer:** Mittelhochdeutsches Taschenwörterbuch. Leipzig 1891
M	Herbert **Maas:** Mausgesees und Ochsenschenkel, kleine nordbayerische Ortsnamenkunde. Nürnberg 1995
P	Gerhard **Pfeiffer** (Hg.): Nürnberg – Geschichte einer europäischen Stadt. München 1971
Schade	Oscar **Schade:** Altdeutsches Wörterbuch. Halle 1866
Schultheiß	Werner **Schultheiß:** Kleine Geschichte Nürnbergs (hg. v. Gerhard **Hirschmann**). Nürnberg 1987